실사구시를
실천하다,

대구 백불암 최흥원 종가

기획 경상북도 · 경북대학교 영남문화연구원 | **지은이** 오용원

경북의 종가문화 연구진

연구책임자	정우락(경북대 국어국문학과)
공동연구원	황위주(경북대 한문학과)
	조재모(경북대 건축학부)
종가선정위원장	황위주(경북대 한문학과)
종가선정위원	이수환(영남대 역사학과)
	홍원식(계명대 철학윤리학과)
	정명섭(경북대 건축학부)
	배영동(안동대 민속학과)
	이세동(경북대 중어중문학과)
종가연구팀	김위경(영남문화연구원 연구원)
	최은주(영남문화연구원 연구원)
	전설련(영남문화연구원 연구원)
	김소연(영남문화연구원 연구보조원)
	이나영(영남문화연구원 연구보조원)

축 · 간 · 사

경상북도에서 『**경북의 종가문화**』 **시리즈** 발간사업을 시작한 지 벌써 12년째가 되었습니다. 본 사업은 더 늦기 전에 지역의 종가문화를 기록으로 남겨 후세에 전해야 한다는 절박함에서 비롯되었고, 그간 많은 분들의 노고에 힘입어 어느새 64권의 책자가 발간되는 데 이르렀습니다. 이러한 결실은 우리 지역의 문화자산으로 자리 잡아 가고 있어, 300만 도민의 한 사람으로서 무척 보람되게 생각합니다.

경북은 예로부터 수많은 명현거유名賢巨儒가 배출되었고, 그분들이 이룩한 전통문화가 집적되어 온 중심입니다. 특히 이러한 전통문화의 중심에는 바로 경북의 종가宗家가 있습니다. 종가는 수백 년에 걸쳐 지역 사회의 구심점이자 전통문화의 상징으로 자리 잡아 그 역할을 묵묵히 수행해 왔습니다. 우리 도는 많은 수의 종가가 고유의 문화를 오늘날까지 지켜 오고 있기에, 우리나라 종가문화의 보고寶庫라고 해도 과언이 아닙니다.

하지만 최근 급변하는 사회와 종손·종부의 고령화 등으로 인해 종가문화는 점차 훼손·소멸되고 있는 실정입니다. 이에 경상북도에서는 종가문화를 보존·활용하는 한편, 발전적으로 계승하기 위해 2009년부터 '**종가문화 명품화 사업**'을 추진해 오고 있습니다. 체계적인 학술조사 및 연구를 통해 관련 인프라를 구축하고, 명품 브랜드화하는 등 향후 발전 가능성을 모색하기 위해 다방면으로 노력하고 있습니다.

경북대학교 영남문화연구원을 통해 2010년부터 추진하고 있는 『경북의 종가문화』 시리즈 발간도 이러한 사업의 일환입니다. 도내 종가를 대상으로 현재까지 『경북의 종가문화』 시리즈 64권을 발간하게 되었으며, 결과물은 관계 문중은 물론 일반인들로부터도 큰 호응을 얻고 있습니다. 이들 시리즈는 종가의 입지 조건과 형성 과정, 역사, 종가의 의례 및 생활문화, 건축문화, 종손과 종부의 일상과 가풍의 전승 등을 토대로 하여 일반인들이 쉽고 재미있게 읽을 수 있는 교양서 형태의 책자 및 영상물(DVD)로 제작되었습니다. 철저한 현장조사를 바탕으로 하여 관련 분야 전문가들이 집필함으로써 내용을 알차게 꾸미는 한편, 개별 종가의 특징을 부각시키고자 노력하였습니다.

이러한 노력으로, 금년에는 『**고령 죽연 박윤 종가**』, 『**영천 훈수 정만양 종가**』, 『**대구 백불암 최흥원 종가**』 등 3곳의 종가를 대상으로 시리즈 3권을 발간하게 되었습니다. 이 시리즈의 발간은 계속되어 도내 100개 종가를 목표로 연차적으로 추진해 나갈 계획입니다. 이러한 시도는 종가 관련 자료의 축적을 통해 종가문화 보존 및 활용을 위한 기초자료를 제공함은 물론, 일반인들에게 우리 전통문화의 소중함과 우수성을 알리는 데 크게 도움이 될 것입니다.

최근 유교적 가치와 문화에 대한 재조명이 활발히 이루어지고 있습니다. 그 바탕에는 오늘날까지 전통문화를 올곧이 지켜 온 종문의 숨은 저력이 있었음을 기억하며, 우리 도에 내재한 전통문화를 계승해 나가야 할 것입니다. 이를 통해 경북의 정체성 확립은 물론, 미래지향적인 새로운 정신을 찾아 세계적 정신문화로의 발전으로까지 이어질 수 있을 것이라 확신합니다.

앞으로 경상북도에서는 현재 잊혀 가는 종가문화에 대한 국가 차원의 컨트롤 타워 건립 유치를 위해 힘쓸 것입니다. 아울러 종가문화에 대한 지속적인 조사·연구 추진과 더불어, 종가의 보존·관리 및 활용방안을 모색하는 데 적극 노력해 나갈 것을 약속드립니다. 이를 통해 전통문화를 소중히 지켜 오신 종손·종부님들의 자긍심을 고취시키고, 나아가 전국의 종가를 연계하는 종가문화 네트워크 구축과 더불어 종가문화를 세계적인 명품브랜드로 육성해 나갈 계획입니다.

끝으로 이 사업을 위해 애쓰신 이영호 경북대학교 영남문화연구원장님과 연구책임자이신 정우락 교수님을 비롯한 여러 연구원분들, 그리고 집필자분들의 노고에 진심으로 감사드립니다. 아울러, 각별한 관심을 갖고 적극적으로 협조해 주신 종손·종부님께도 감사의 말씀을 드립니다.

2021년 3월

경상북도지사 이 철 우

지·은·이·의 말

지난 수백 년 동안 우리나라 불천위 종가는 유교적 이념을 실천하며 다양한 전통문화원형을 생산하였다. 그 후손들 역시 대대로 선조들이 남긴 정신과 물질을 잘 보전하여 다음 세대에 계승하였다. 따라서 우리나라의 많은 전통문화 가운데 그 원형이 가장 잘 보존되어 전승된 것이 바로 종가문화라고 해도 과언이 아닐 것이다. 이러한 데는 선대로부터 물려받은 문화원형을 그저 단순한 객체로 여기는 것이 아니라, 그 원형에 선조들이 남긴 정신적 가치를 부여하였기 때문이다. 이런 면에서 선조들이 남긴 흔적들을 함부로 훼손하거나 단절하지 않고 잘 보존하여 후손들에게 계승할 수밖에 없었던 것이다.

대대로 이어져 온 종가문화는 세계 문화인류사에서도 지극히 보기 드문 사례이다. 특히 우리나라는 전통시대에 수많은 외침을 받았고, 종가는 그러한 위기 때마다 그 중심에 서서 큰 어려움을 겪을 수밖에 없었다. 지난 시대에 위기를 극복하고 종가를 잘 보전할 수 있었던 것은 그 종가의 구성원들이 중요한 역할을 하였기 때문이다. 그 구성원들이 바로 종손, 종부, 그리고 그 아랫대 자제들이다. 그들은 어릴 적부터 남다르게 특별한 교육을 받지는 않는다. 물론 종가마다 특수성은 있겠지만, 대대로 전승되어 온 독특한 종가문화를 선대로부터 보고 듣고 체득하면서 성장기를 보내는 것이 전부일 것이다.

어쨌든 종손과 종부는 한 문중의 대표代表이며 주인主人이다. 그리고 문중의 봉사奉祀와 접빈接賓을 맡아 책임져야 할 무언의 의무가 있으며, 일대다一對多의 역할을 해야 한다. 우리나라 전역에 불천위 종가는 그리 많지 않은 편이다. 그나마 현존하는 불천위 종가는 일반인들이 이해할 수 없는 노력과 정신이 있었기에 선조들이 남긴 정신과 물질을 잘 보존할 수 있었다. 물론 종가를 구성하고 있는 문중의 일족들 역시 큰 역할을 하였다. 불천위 종가의 문중 구성원들은 선조에 대한 자부심과 존경심이 남다르고, 종가의 길흉사吉凶事에 적극 참여함으로써 선조로부터 대대로 이어져 온 종가의 보종保宗에 열과 성을 다하는 경우가 많다.

예부터 경상도는 불천위 종가가 여느 지역보다 많은 편이다. 종가의 수가 많은 것은 여러 요인이 있겠지만, 가장 큰 이유는 선대에 출중한 인물이 많았다는 데서 찾을 수 있다. 선초鮮初에 야은冶隱 길재吉再(1353-1419)가 경상도에 터를 잡아 후학 양성에 몰두하였고, 그 이후 많은 인재가 배출되었다. 16세기 중반에 이르러 퇴계退溪 이황李滉(1501-1570)의 문하에서 출중한 제자가 대거 배출되었다. 이들은 시대마다 국가의 위기에 적극 참여하여 대응하였고, 향촌사회의 엘리트 계층으로서 여론의 중심에 서서 자신들이 수학한 학문적 이념을 실천하였다. 대대로 내려오면서 후손들은 선조들의 정신을 잘 보존하여 다음 세대에 계승함으로써 훗날 경북에 많은 불천위 종가가 형성된 것이다.

그 대표적인 불천위 종가가 바로 백불암종가이다. 이 종가는 지난날 경상감영이 있었던 대구에 있다. 필자는 오래전부터 여러 가지 인연으로 이곳에 출입하며 종가의 역사를 보고 들었다. 이번에 글을 쓰기 위해 지난 수백 년 동안 종가에서 전승되어 온 선현들의 문자를 접하면서 많은 것을 배울 수 있었다. 16세기 초에 최맹연崔孟淵이 팔공산 도동에 터를 잡은 이후, 차츰 문중이 번성하게 된 경주최문慶州崔門은 여러 지파로 나누어져 팔공산 인근 절경에 터를 잡아 정착하게 된다. 17세기 초에 태동台洞 최계崔誡의 아들 대암臺巖 최동집崔東集이 옻골[漆溪]에 새로운 보금자리를 마련하였고, 문중이 번성하여 훗날 영남의 명문거족名門巨族으로 성장할 수 있었다.

대암은 옻골로 들어온 이후로 자신의 학문 수학에 전념하였을 뿐만 아니라, 향내에서 출중한 인물들과 교유하며 가문을 반석 위에 올리는 데 힘썼다. 그의 노력은 5세손 백불암百弗庵 최흥원崔興遠 대에 와서 새로운 전환기를 맞게 된다. 백불암은 총명하여 학문에 뛰어났고 행실이 남달랐다. 그는 학맥學脈, 인맥人脈, 혼맥婚脈 등을 통해 교유의 폭을 넓히고 가계家計의 안정과 집안의 기반을 다지는 데 평생을 바쳤다고 해도 과언이 아닐 정도로 문중의 외연을 넓혔다. 그는 그저 학행이 출중했던 당대의 한 선비가 아니다. 그의 삶의 궤적을 자세히 분석해 보면, 그는 치밀한 계획을 통해 매사를 기획하였고, 영민하게 실행에 옮겼다. 그래서 훗날 당대의 거유였던 남야南野 박손경朴孫慶, 대산大山 이상정李象靖 등과 함께 '영남삼로嶺南三老'로 칭해졌던 것이다.

대암의 정신을 계승한 백불암의 실천정신은 물질문명의 한계와 정신문화의 빈곤에 허덕이는 우리들에게 큰 가르침을 준다. 백불암종가는 여느 종가에 비해 가계가 안정적이며 문중 구성원들의 보종保宗 정신이 뛰어나다. 이는 백불암이 평생 실천했던 봉사奉祀와 접빈接賓의 후광이 아닐까 생각해 본다. 거기에 종손의 베풂과 종원들의 화목도 큰 몫을 차지할 것이다. 현세에 백불암종가는 다른 종가에 비해 매우 개방적이다. 지금의 종손, 종부뿐만 아니라 모든 구성원들이 닫힘에서 열림의 문화로, 소수에서 다수의 향유享有로 변화할 수 있는 선진적인 사고를 갖고 있다.

이 글을 쓰면서 많은 분들의 도움을 받았다. 우선 최진돈 종손의 아낌없는 조언은 이 책을 볼 때마다 늘 기억날 것이다. 종가의 종손 어른은 큰집의 주인답게 호탕하고 거침이 없다. 뭐든 여쭈어보면 또렷하게 기억해서 쉽게 설명을 해 주셨다. 그리고 선대의 문집文集을 비롯하여『옻골의 행장과 비문』,『옻골의 인물과 유적』등 여러 자료를 직접 챙겨 주셨다. 이 글의 논리를 세우고 자료를 보태는 데 큰 부조가 되었다. 또 연구의 수월한 진행을 위해 사전조사를 꼼꼼히 하여 많은 자료를 제공해 준 경북대학교 영남문화연구원 종가문화연구팀 연구원들에게도 감사를 표하고 싶다. 이번 연구를 통해 백불암종가의 진면목을 다시 한번 살펴볼 수 있는 기회를 준 종가문화연구팀에게 진심으로 감사의 말씀을 드린다.

2021년 입춘

죽천재에서

오용원 쓰다

대구 백불암 최흥원 종가

목 차

축간사 _003

지은이의 말 _006

1 팔공산 자락에 터 잡은 백불암종가 _013

1 종가의 지리적·문화적 환경 _014

2 가계의 형성과 옻골 정착 _019

2 대암의 정신을 이은 옻골의 후예들 _023

1 최동집, 옻골의 주인이 되다 _024

2 최흥원, 가문의 위상을 높이다 _030

3 최효술, 문중의 외연을 넓히다 _064

3 선조들이 남긴 보전寶典들 _075

1 선조들이 남긴 문자향文字香 _076

2 종가의 보전寶典, 소중히 전해지다 _084

3 『역중일기曆中日記』와 백불암의 일상 _109

4 종가의 제례와 건축문화 _137

1 불천위 제사 및 일반 기제사 _138

2 선조들의 숨결이 묻은 공간 _148

5 봉사손奉祀孫으로 살아가며 _163

1 종가의 봉사손이 되다 _164

2 종가의 종부가 되다 _170

참고문헌 _182

제 1 장

팔공산 자락에 터 잡은 백불암종가

팔공산 자락에 터 잡은
백불암종가

1 종가의 지리적·문화적 환경

지난 수백 년 동안 우리나라에는 수려한 경관과 안정적인 주거조건이 갖추어지면, 반드시 그 주위에 같은 성씨의 집성촌이 이루어져 큰 문중이 형성되었다. 지역 내에서 반듯한 문중으로 기반을 다지기 위해서는 몇 가지 조건들이 필요하다. 우선 안정적인 생활을 위한 경제적 기반이 확보되어야 한다. 전통시대 농경사회에서 가족 구성원들의 생계를 유지하고 가계의 안녕을 위해서는 농사를 지을 수 있는 전답田畓과 전장田莊이 있어야 한다. 전장에서 생산되는 물산物産을 통해 구성원들의 의식주를 해결하고 경제활동의 밑천으로 삼는다.

다음은 향내에서 문중의 위상을 제고하기 위해 출중한 인물이 배출되어야 한다. 많은 전장을 경영하여 경제적인 치부致富를 이루었다고 해도 당시 현달한 인물이 없다면, 그 문중은 치부를 지속하기 어려울 뿐만 아니라 대외에 문중의 인지도가 낮아 명문名門이라 할 수 없다. 그래서 현달한 인물을 배출하기 위해서 자제들의 학문 진작에 힘쓰거나 학맥學脈을 형성하여 입신양명의 기반을 만든다. 마지막으로 후손들의 번성이다. 명문으로 성장하기 위해서는 기본적으로 문중의 구성원들이 번성하여 거대한 일족을 형성하여야 한다. 우리나라 명문거족들은 대부분 이러한 조건을 갖추고 발전하였다. 이렇듯 수려한 경관에서 수 세기 동안 차츰 집성촌을 이루면서 명문으로 성장한 영남의 대표적인 문중이 바로 백불암종가이다.

16세기 초반에 최맹연崔孟淵이 팔공산 도동에 터를 잡은 이후, 차츰 문중이 번성하게 된 경주최문慶州崔門은 여러 지파로 나누어져 팔공산 인근 절경에 터를 잡아 정착하게 된다. 백불암종가는 팔공산의 지리적·문화적 환경과 밀접한 연관성이 있다. 팔공산은 신라시대에 오악五岳의 중심산으로서 '중악中岳'이라 하였고, '부악父岳'·'공산公山'·'동수산桐藪山' 등으로 불리기도 하였다. 팔공산의 명칭에 대한 기록은 조선 중종 때 간행된 『신증동국여지승람新增東國輿地勝覽』에 처음 보인다. 이 산은 산세가 웅장하고 골짜기가 깊어 예로부터 동화사桐華寺·파계사把溪寺·은해사銀海寺 등 큰 사찰을 비롯하여 많은 암자들이 즐비할 정도로 신성하게 여겨졌던 공간이다. 때문에 삼국시대부터 근래에 이르기까지 수

많은 고승대덕들이 이곳에서 수도했다.

이 산은 고대부터 현세에 이르기까지 자신이 품었던 인간들에게 다양한 생활양식을 제공해 주었나. 임신왜란 때에는 영남의 의병들이 거병했던 '공산회맹公山會盟'의 산실이었으며, 김시습金時習(1435–1493), 서거정徐居正(1420–1488), 이황李滉(1501–1570), 이숙량李叔樑(1519–1592), 서사원徐思遠(1550–1615), 이상정李象靖(1711–1781) 등 당대 거유巨儒들이 유산遊山했던 공간이기도 하다. 산의 정상을 중심으로 동봉과 서봉이 양쪽에 우뚝하게 솟아 있는데 동봉의 줄기에 영천시·경산시가 있으며, 서봉의 줄기에 칠곡군·군위군·구미시 등이 있다. 그리고 남쪽으로 대구광역시가 있다. 그래서 팔공산은 경북과 대구를 대표하는 명산이라고 할 수 있다.

대구공항에서 영천 방향으로 가다 보면 지하철역인 해안역解顔驛이 있다. 여기서 조금 지나 좌회전하여 4km쯤 가면 전통문화의 옻골[漆溪] 마을이 있다. 마을 입구는 비보숲을 아름답게 조성하여 큰 도시 근처에 있지만 찾아오는 이에게 편안함을 느끼게 한다. 숲을 지나 마을에 들어서면 수령이 꽤 된 듯한 회화나무 두 그루를 마주하게 된다. 회화나무는 벼슬을 그만두고 귀거래하여 은거하는 선비들이 고향으로 돌아와 심곤 한, 의미가 깊은 수종이다. 오랜 전통을 가진 마을답게 우람한 회화나무는 반가班家의 위상을 살펴볼 수 있는 표상이 될 만하다. 이 마을은 팔공산八公山 대암봉臺巖峯 끝자락의 좁고 긴 골짜기에 아름다운 경관을 갖추고 있다. 이곳이 바로 경주최문의 백불암종가가 정착

옻골 마을 전경

하여 지난 수 세기 동안 다양한 활동을 통해 영남의 명문거족으로 성장한 곳이다. 종가는 450m 높이의 대암봉과 감덕봉 사이에 있는 좁고 긴 골짜기 사이에 남향으로 입지해 있다. 골짜기의 동쪽과 서쪽에서 내려오는 개울물이 마을 앞에 모인다.

마을 뒷산 대암봉 자락에 살아 있는 거북이 형상을 닮은 바위가 있는데, 사람들은 이를 '생귀암生龜巖'이라고 칭하였다. 훗날 1811년 2월에 입재立齋 정종로鄭宗魯가 『대암선생문집』의 서문에서, "내가 일찍이 팔공산의 칠계에 들어가서 백불암 최 선생 댁을 방문하였는데, 선생이 살고 있는 집 뒷산의 맨 꼭대기 바위가 우뚝 솟아 대臺를 이루고 있었다. 절의가 높은 사람이 천 길이나 되는 절벽에 서 있는 기상인 것을 보고 이상하게 여겨 물었다. 이에 신생이 '이것은 그 이름이 내암인데, 나의 5세조 대군大君 사부공師傅公 선생께서 명나라가 망하자 청나라를 제국으로 섬기지 않겠다는 의리로써 이 산중에 은거하면서 대암臺巖의 뜻을 취하여 스스로 호를 삼은 것이오.'라 하기에 개탄하였다."라고 하였다. 지금도 옻골 마을에서는 이 바위에 많은 의미를 부여하고 있다.

마을에 들어서면 돌담 사이로 기와집이 즐비하다. 현재는 20호 정도에 50여 명이 거주하고 있다. 물론 과거에는 초가집이 다수를 이루었을 테고, 이보다 더 많은 가구가 마을에 거주했을 것이다. 현재 '대구 둔산동 경주최씨 종택 및 보본당 사당'은 1982년에 대구시 중요민속자료 제1호로 지정되었고, 2009년에 국가지정민속자료 제261호로 지정되었다. 그리고 약 2.5km가 되는 '돌담길'은 2006년에 등록문화재 제266호로 지정되었고, '최흥원 정려각'은 문화재자료 제40호, '수구당數咎堂'은 대구시 문화재자료 제41호, '동계정東溪亭'은 대구시 문화재자료 제45호로 지정되었다.

팔공산 자락에 터 잡은
백불암종가

2 가계의 형성과 옻골 정착

1) 광정공파匡靖公派의 형성

백불암종가는 고운孤雲 최치원崔致遠의 후손으로 조선 초기에 분파된 경주최씨 27개 파 가운데 광정공파匡靖公派의 한 분파이다. 광정공 최단崔鄲은 최치원의 12세손이다. 그는 고려 말의 무신武臣으로, 1388년(우왕 14)에 요동정벌遼東征伐 때 안동원수安東元帥로 이성계李成桂의 휘하에서 출정하여 위화도威化島에서 회군하고, 3등공신에 책록되었다. 그해에 창왕이 즉위하였고, 그는 경상도 도순문사慶尙道都巡問使 박위朴葳와 함께 상주에서 왜구를 격파하고 활과 말을 하사받기도 하였다. 1390년(공양왕 2)에 한양윤漢陽尹

경주최씨 세계도

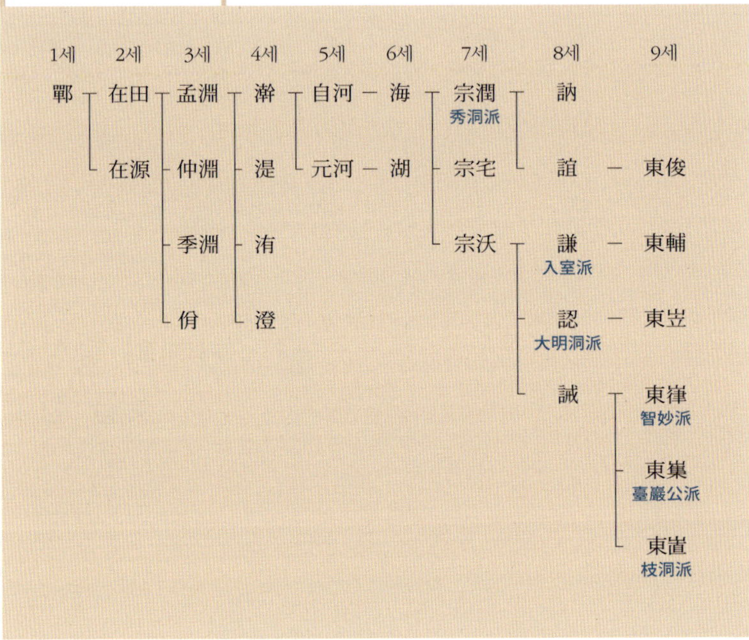

에 이어 판자혜부사判慈惠府事가 되고 1392년 조선 개국을 도와 개국원종공신開國原從功臣이 되었다. 그가 바로 경주최씨 광정공파의 1세가 되는 셈이다.

광정공 최단은 두 아들이 있었는데, 장남이 최재전崔在田, 차남이 최재원崔在源이다. 최재전은 양산군수梁山郡守를 지냈고, 훗날 호조참의戶曹參議에 추증되었다. 훗날 후손들이 1세 최단과 그의 장자 최재전을 추모하기 위해 도동에 있는 문창공文昌公 영당影堂 맞은편에 경운재景雲齋를 건립하였다.

대암공파 세계도

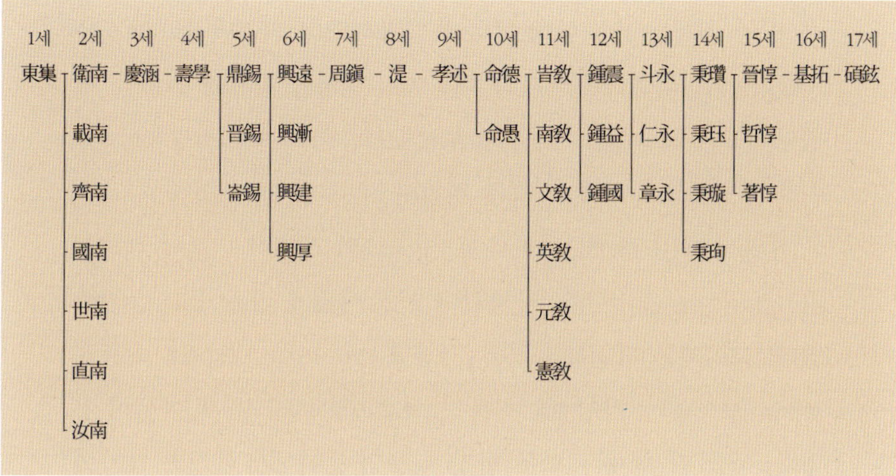

문창공 영당은 1912년에 현 위치에 중수하였고, 경운재는 1995년에 건립한 것으로 선조에 대한 존모와 후손들의 화목을 위한 공간이다.

2) 서울에서 내려와 대구 도동에 터를 잡은 최맹연崔孟淵

3세 최맹연崔孟淵은 서울에 거주하다가 처음 대구 도동에 정착한 인물이다. 그리고 7세 최종옥崔宗沃에게는 세 아들이 있었다. 그 장자가 최겸崔謙, 둘째가 한천寒川 최인崔認(1559-?), 셋째가 태동台洞 최계崔誡(1567-1622)이다. 임진왜란 때, 최인은 권응수權應銖 등 12명과 함께 오강烏江 금정琴亭에서 의병을 일으켜 장몽기張夢紀와 함께 남쪽에서 밀려오는 왜적을 물리쳤다. 또 정유재란 때는 의병장 곽재우郭再祐와 함께 창녕의 화왕산성火旺山城을 수비하였다.

또한 최계는 1591년에 무과에 급제하였고 만경현령萬頃縣令을 지냈다. 임진왜란이 일어나자 대구에서 의병을 일으켜 전공을 세웠다. 그는 형 최인, 조카 최동보崔東輔와 함께 '최씨삼충崔氏三忠'이라고 칭해졌으며, 훗날 대구 평천사平川祠에 제향되었다.

8세 최계는 광해군 때 대북파大北派의 전횡이 더욱더 심해지자, 결국 벼슬을 버리고 낙향하여 선영 아래에 집을 짓고 은거하였다. 그에게는 다천茶川 최동률崔東嵂(1585–1622), 대암臺巖 최동집崔東集(1586–1661), 향암香巖 최동직崔東崮(1602–1665) 등 세 아들이 있었다. 이들 삼 형제는 모두 한강 정구의 문하에서 경전과 제자백가 등을 배웠다. 다천은 팔공산 어귀에 있는 신숭겸 사당의 서쪽 지묘智妙에 터를 잡았는데, 그 후손들을 '지묘파智妙派'라고 한다. 대암은 팔공산 대암봉 끝자락에 있는 옻골[漆溪]에 터를 잡았는데, 그 후손들을 '대암공파' 또는 '칠계파漆溪派'라고 한다. 향암은 지동 옆 측백수림 근처 향암산 인근에 살았는데, 그 후손들을 '지동파枝洞派'라고 한다. 경주최문慶州崔門은 17세기 초 팔공산 인근에 여러 지파를 형성하게 되었고, 훗날 명문거족名門巨族으로 성장할 수 있었다.

제2장

대암의 정신을 이은 욎골의 후예들

대암의 정신을 이은
옻골의 후예들

1 최동집,
옻골의 주인이 되다

1) 은일적 정서와 자아 실현

최동집崔東集(1586-1661)은 자가 진중鎭仲, 호가 대암臺巖이다. 그는 1586년에 아버지 태동 최계와 어머니 순창설씨淳昌薛氏 사이에서 태어났으며, 어릴 때부터 총명하고 영특하였다. 일곱 살 때 임진왜란이 일어나자 아버지 태동이 의병으로 진중陣中에 있었기 때문에 설씨부인이 가솔을 데리고 산중으로 피난하여 은신하고 있었다. 설씨부인이 아이들에게 밖에 나가지 못하게 하자 다른 아이들은 이를 지키지 않았지만 그는 어머니의 경계의 말을 지켜서 나가지 않으니, 어린 나이에 그의 행동을 보고 사람들이 모두 대견하게 여겼다.

점점 자라면서 사서와 오경 등 경전을 정밀하고 깊게 학습하였고, 성운과 관련된 책을 독실하게 익혀 그의 사화詞華가 사람들에게 크게 알려졌다. 30세(1616)에 진사시進士試에 입격하고, 다시 얼마 후 대과大科에 올랐으나 위격으로 뽑혀 과방科榜에서 빠졌다. 임금이 이를 안타깝게 여겨 「삼강이륜도三綱二倫圖」를 직접 하사하였다. 그의 나이 41세이던 1627년(인조 5)에 만주에 본거를 둔 후금後金의 침입으로 정묘호란丁卯胡亂이 일어났다. 당시 인조 임금을 비롯한 신하들은 강화로 피난하였고, 소현세자昭顯世子는 완산完山(전주全州)으로 피난하였다. 그는 소현세자가 전주에서 다시 진주晉州로 전향轉向한다는 소식을 듣고, 고을에 명망 있는 선비 십여 명과 함께 의병을 일으켜 팔양령八良嶺에서 세자를 맞이하였다. 당시 세자를 수행하는 의전 의식의 계획과 이에 필요한 모든 문자는 대부분 그가 주관했다고 한다.

53세(1639)에 경학經學으로 천거되어 장릉참봉長陵參奉을 제수받았다. 그는 임지에 간 지 얼마 되지 않아 사직하고 돌아왔다. 그 이듬해 소현세자와 봉림대군鳳林大君에 이어서 인평대군麟坪大君이 볼모로 잡혀 심양으로 갈 때, 대군의 사부師傅로 선발되었다. 대암은 임금이 치욕을 당하고 나라가 위태로운 시국에 신하의 도리로 사양할 수 없다고 여겼다. 이에 행장을 갖추어 떠나려고 할 때, 동고東皐 서사선徐思選(1579–1651)이 자신의 소회를 밝혔다.

군주의 욕이 천지를 다했으니, 主辱窮天地
이 걸음이 놀랄 것도 못 되네. 此行不足驚
머나먼 이국 거친 모래땅에서, 黃沙萬里遠
흰머리로 오경의 의리 밝히리. 白首五經明
오랑캐 땅에서도 충신을 좇아, 異類趨忠信
동료와 형제의 의리 약속하리. 同僚約弟兄
느긋이 생각해도 눈물 뿌리니, 寬心猶灑淚
그대를 위한 정만은 아니라네. 非獨爲君情

『大山先生文集』卷45, 「跋」, 「書徐東皐贈崔臺巖詩後」

서사선은 한강의 문하에서 함께 수학했던 동문으로, 최동집의 학행이라면 대군의 사부 역할을 충분히 할 수 있다고 평가하였다. 또 한편으로는 그의 원행遠行을 위로하고 있다. 하지만 이때 대암은 가는 길이 너무 멀어 도착해야 하는 기일에 도착할 수 없었다. 체임遞任되었음을 알고, 결국 서쪽을 바라보며 통곡하고 돌아왔다. 1644년(인조 22)에 명나라가 망하자, 부인사 근처 용수동 가루뱅이 마을에 농연정聾淵亭을 지어 장수藏修의 공간을 마련하였다. 그는 농연聾淵에 집을 지어 은거하며 더 이상 벼슬에 나아가지 않고 그곳에서 평생을 마쳤다. 훗날 최흥원은 최동집이 은거했던 옛 농연 터에 후손들이 선조의 정신을 잊어버리지 않도록 유허비를 세우고자 하여, 번암樊巖 채제공蔡濟恭(1720-1799)에게 「대암최공유허비명臺巖崔公遺墟碑銘」의 글을 청탁했다.

… 공이 돌아가신 지 백여 년이 되어 5세손 전 익찬前翊贊 흥원興遠 씨가 공

의 유적이 없어질까 두려워서 농연聾淵의 옛 터에 다시 몇 칸의 집을 짓고 여러 자제들로 하여금 그 안에서 독서하게 하여 이름난 조상의 구업舊業을 실추시키지 않도록 하였다. 그렇게 하고도 만족하지 못하여 작은 집은 흥폐가 무상한 것이기에 오래도록 먼 후세에까지 남기지 못할 것이요, 오래가기 위해서는 돌을 세움이 마땅하다 하여 곧 나 제공濟恭에게 서신을 보내었도다. …

『樊巖先生集』卷57,「碑」,「臺巖崔公遺墟碑銘」

채제공은 최동집의 충절을 후손들이 대대로 귀감으로 삼고, 선조의 덕행을 현창하려는 최흥원의 추원보본 정신을 잊지 말라고 자손들에게 당부하며 비문碑文의 마지막 부분에 짧은 명銘을 덧붙였다.

2) 학문 수학과 교유 관계

최동집은 한강寒岡 정구鄭逑(1543~1620)의 문인이었던 진사進士 유해兪諧(1565~?)의 문하에 나아가 처음 학문을 수학하였다. 이어서 한강의 문하에서 극진한 가르침을 받았다. 정구가 연경서원硏經書院과 선사재仙査齋를 오가며 강학을 할 때, 그 역시 강학에 참여하였다. 당시 강회는 낙재樂齋 서사원徐思遠(1550~1615)과 모당慕堂 손처눌孫處訥(1553~1634)이 강장講長을 맡았고, 고을의 많은 유생들이 그 모임에 참여하였다. 최동집은 이때 가장 어린 나이로 참석하여 그들과 함께 『소학』, 『대학』 등을 비롯하여 주돈이周敦頤, 정호程顥, 정이程頤 등과 관련된 여러 책들을 강론하였다. 당시 강록講錄의 기록에 따르면, 그는 강회에서 조금도 틀림이 없었다고 한다. 훗날 한강 사후에 스승에 대한 존모와 슬픔을 「역중만록曆中謾錄」에 다음과 같이 기록하였다.

> 선생의 도학과 행의는 참으로 도산陶山의 적통을 전한 것으로서, 우리 도내 사림士林들에게 은혜로웠음은 문득 가뭄을 겪은 곡식이 단비를 맞는 것과 같았다. 아버지의 명으로 가형家兄과 함께 선생의 문하에 절을 하고 가르침을 청한 것이 벌써 10여 년이 되었으나 과학科學에 뜻이 갈라지고 재질이 또한 보통도 못 되어서 배움의 실효를 보지 못한 채 세월만 자꾸 흘러 홀연히 벌써 35세가 되었다. 선생이 일찍이 조금 더 연명하시지 않고 돌아가셔서 의탁할 곳이 없으니, 미래에 장차 내가 어떤 모양의 사람이 될지 알 수 없구나. 산이 무너진 듯한 애통함이 남들보다 갑절이나 크구나.
>
> 『臺巖先生文集』 卷2, 「記」, 「曆中謾錄」

그는 한강을 퇴계의 학문을 이은 적통이라고 여겼고, 한강이 영남의 사림에 끼친 영향이 얼마나 대단하였는지를 언급하였다. 그는 20대에 자신의 가형家兄과 함께 한강의 문하에 입문하여 10여 년 동안 큰 가르침을 받았다. 이제 한강 선생이 돌아가시니 자신의 학문적 의지처를 잃어버렸으며 큰 산이 무너진 듯한 슬픔을 느꼈다고 한다. 또한 그는 한강이라는 당시 영남의 큰 학자 문하에서 수학하면서 비슷한 또래의 현달한 유생들과 교유하며 학문적 관계망을 형성하였다. 그는 수암守菴 정사진鄭四震(1567-1616), 쌍봉雙峯 정극후鄭克後(1577-1658)와 도의로 교분을 맺고 친하게 지냈다. 정사진과 정극후는 모두 관직에 나아가고자 하지 않았지만, 당대에 학행이 뛰어나 천거되어, 정사진은 1606년에, 정극후는 1643년에 왕자사부王子師傅를 제수받았다. 하지만 이들은 모두 관직에 나아가지 않고 평생 학문 수학과 후학 양성에 전념했던 전형적인 학자로서 당대 사람들의 칭송을 받았다. 특히 정사진은 동시대에 교유했던 사람 중 자질이 훌륭하고 행의行義가 가장 순후한 인물이라며 최동집이 늘 으뜸이라고 호평했다.

대암의 정신을 이은
옻골의 후예들

2 최흥원, 가문의 위상을 높이다

최동집은 어릴 때부터 열심히 학문에 정진하여 자신의 학문적 입지를 구축하였지만, 환로에 나아가 입신양명의 길을 걷지는 않았다. 그는 주로 산림에 은거하며 학문 수학과 후학 양성에 전념하였고, 옻골에 입향하여 집안의 터전을 마련하였다. 최동집 이후로 옻골에서 현달한 인물은 나오지 않았지만, 자손들이 번창할 수 있는 경제적 여건을 차츰 갖추어 나갔다. 영남에서 본격적으로 문중의 기반을 다지고 자신뿐만 아니라 자손들의 학문 진작을 위해 학맥, 인맥, 혼맥 등에 많은 관심을 가지는 한편, 교유관계의 폭을 넓히고 당시 학행에 뛰어난 인물들과 관계망을 형성했던 사람이 바로 최흥원이다.

1) 옻골에서 태어나 학문에 정진하다

최흥원崔興遠(1705-1786)은 초명이 흥원興源이다. 그의 자는 태초太初·여호汝浩, 호는 백불암百弗庵이다. 그는 1705년 2월에 외가가 있던 대구부大丘府 원북리院北里에서 아버지 최정석崔鼎錫과 진사 조숭趙崈의 따님 사이에서 장자로 태어났다. 그는 어려서부터 영특하였고, 부모와 선조에 대한 효심이 지극하였다. 두 살 때 그의 어머니가 젖에 종기가 나서 젖을 먹일 수 없을 정도로 아파하는 모습을 보이자, 이를 알아차리고 다시는 젖을 먹지 않았다고 한다. 그리고 여섯 살의 어린 나이에도 불구하고 제사 때가 되면 늘 새벽에 일어나 어른들을 따라 제사에 참석할 정도로 조상에 대한 향념이 남달랐다.

열 살 이전의 최흥원의 학문 수학에 대한 특별한 기록은 보이지 않는다. 11세 봄에 성력聖曆·도수度數에 뛰어났던 고모부 이주숭李柱嵩(1687-1755)의 문하에 나아가 글을 배웠다. 훗날 그가 천지운회天地運回의 대체大體에 탁월한 식견을 가질 수 있었던 것도 고모부의 학문적 연원에서 비롯된 것이다. 16세에 『맹자孟子』를 읽었다. 그는 자신이 공부를 하는 궁극적인 지업志業의 방향을 설정하게 된 계기가 바로 여기에 있다고 여겼고, 그 교훈이 '인仁'과 '의義'라고 했다. 그리고 그해 10월에는 팔공산八公山 남쪽 자락에 있는 보재사寶齋寺에서 공부하였다. 그는 그곳에서 수학하면서 두 편의 한시 작품을 남겼는데, 그중 「산중즉사山中卽事」의

두 수 가운데 한 수를 보면 최흥원의 세계관을 엿볼 수 있다.

세상 밖에서 새로운 맹세를 정하고,	從教物外新盟定
문득 세속에서 물은 때 씻고자 하네.	却要塵間舊染空
가장 이 신령한 곳의 한량없는 뜻은,	最是靈區無限意
몇 마디 학 울음소리 구천에 통한다네.	數聲鳴鶴九天通

『百弗庵先生文集』 卷1, 「詩」, 「山中卽事」

당시 열여섯 살이었던 그는 한창 학문에 전념하고 있었다. 세상과 단절된 보재사에서 물외物外, 즉 세상 밖에서 오랫동안 익혔던 세속의 잘못된 언행과 사고를 깨끗하게 씻고자 맹세하고 있다. 그리고 자신의 그런 뜻이 세상 어디에서든 통할 것이라고 확신한다.

17세(1721)가 되던 해 9월에 손명대孫命大(1675-1733)의 따님과 결혼하였다. 손명대는 자가 측천則天이며, 본관이 일직一直이다. 그는 정평공靖平公 홍량洪亮(1287-1379)의 후손으로, 1728년 3월에 일어났던 이인좌李麟佐의 난에 공을 세워 경상좌도수군절도사慶尙左道水軍節度使에 제수되었고, 1733년에 제주목사에 임명되었으나 임지로 가다가 강진에서 병으로 죽었다.

최흥원은 결혼 후 이듬해 가을에 부모의 강권으로 향해鄕解에 응시하여 생원초시生員初試에 합격하였다. 20세(1724) 5월에 아들 주진周鎭이 태어났다. 그는 아들에 대한 교육과 독려가 남달랐다. 사람이 선하지 못한 것은 타고난 천성이 그런 것이 아니라 어릴 때부터 양육하기를 단정하게 하지 못했기 때문이라 여기고 아들을 단순히 사랑하며 정을 베풀기보다 교육에 힘썼다.

20세 이후로는 주로 학문에 정진하였다. 22세가 되던 해 정월에는 팔공산에 있는 동화사桐華寺에서 『상서尙書』를 읽었다. 그 해 3월에는 『태극도太極圖』·『통서通書』·『서명西銘』 등 다양한 서적을 탐독하였다. 신계新溪 이석李晳이 『태극도』·『통서』·『서명』 등 3종을 베껴서 '학해관란學海觀瀾'이라는 표제의 책을 만들어 그에게 주며 읽어 볼 것을 권했다. 그는 이 책을 베낀 후 문을 닫고 침식을 잊을 정도로 열심히 탐독하며 연구하였다. 훗날 그는 자신의 학습법을 다음과 같이 정의하였다.

> 내가 처음에 의심이 나고 어려운 곳에 부딪치면 문득 남에게 질문을 하고 싶었으나, 이윽고 깊이 연구하고 오래도록 완미하자 문리가 저절로 통하는 것을 알았다. 이로부터는 반드시 스스로 생각하였고, 오직 다른 사람들의 가르침을 두려워하였다.
>
> 『百弗庵先生文集』 附錄 卷2, 「年譜」, 「年譜上」

그는 공부를 하다가 이해가 되지 않는 부분이 있으면 다른 사람에게 배우거나 질문하여 가르침을 받기보다 늘 혼자 오랫동안 연구하고 뜻을 음미하여 문리를 얻고자 노력하였다. 39세(1743) 3월에 『학부통변學蔀通辯』을 읽었다. 이 책은 명나라 때 저명한 학자였던 진건陳建(1479–1567)이 불교, 육구연, 왕수인의 학문을 비판하면서 주자 학문과 성리학의 정당성을 강조하기 위하여 저술한 유학서이다. 퇴계가 「심경후론心經後論」에서 『학부통변』이 주희朱熹(1130–1200)와 육구연陸九淵(1139–1193)의 학문이 무엇이 같고 다른지를 분명하게 밝혀 놓았다고 언급한 적이 있을 정도로 『학부통변』은 조선조 학자들에게 성리학의 정당성을 입증할 수 있는 문헌으로 많은 관심을 받았다.

그해 5월에는 『성리대전性理大全』을 읽었다. 그는 주자의 제자이자 사위였던 면재勉齋 황간黃幹(1152–1221)이, "거경居敬으로써 근본을 세우고, 궁리로써 참다운 지혜를 터득하며, 극기克己로써 자기를 단속하여 사리사욕을 없애고, 존성存誠으로써 그 실상을 이룬다."라고 언급한 구절을 좋아하여 늘 자리 오른쪽에 붙여 놓고 귀감으로 삼았다. 또한 6월에는 『의례주소儀禮註疏』를 읽었다.

40세(1744) 8월에 『주자서절요朱子書節要』를, 그 이듬해 7월에 『연평답문延平答問』과 『면재집勉齋集』을 읽었다. 『주자서절요』는 1558년에 퇴계가 유생들을 위하여 『주자대전朱子大全』에 수록된 주자의 편지를 선별하여 편집한 책이다. 조선조에 유생들의 필독서라고 할 만큼 애독했던 책이다. 『연평답문』은 주자가 그의 스승이었던 연평延平 이통李侗(1093–1163)과 소통했던 학문적 문답을 정리한 책으로, 퇴계退溪가 발문跋文을 쓴 적이 있다. 『면재집勉齋集』은 주자의 사위이자 제자였던 황간의 시문집으로, 시·잡문·강의경설講義經說 등이 수록되어 있다.

백불암은 퇴계가 편찬한 『주자서절요』를 읽고, 이어서 『연평답문』과 『면재집』을 읽은 후에, "두 책을 숙독하여 완미해 보니 학문이 절실하여 주자서朱子書와 함께 합치되는 곳이 있어 마음에 깨닫는 것이 있다."라고 하며, 수록된 내용이 서로 연계성이 있어 좀 더 쉽게 이해할 수 있었다고 소회를 밝히고 있다. 그는 중국 유학의 정통성을 가진 학자였던 주자와 그 주변 학자들의 책과 이를 퇴계가 편집하거나 즐겨 봤던 책을 가까이 하면서 자신의 학문적 외연을 더욱더 넓혀 나갔다.

42세(1746)에『대학』을 읽었다. 그는 어릴 때부터『대학』을 헤아릴 수 없을 정도로 많이 읽었을 것이다. 하지만 당시『대학』을 읽은 후,『대학』 학습법을 구체적으로 언급하면서「독대학잠讀大學箴」을 지어 후학들에게『대학』을 학문하는 가교架橋로 삼을 것을 당부하였다. 그리고 이러한 소회를 한시 작품에서 다음과 같이 토로하였다.

꿈을 깨는 틈에 하나의 깨달음을 얻었으니, 夢覺關頭得一覺
귀신과 사람 사이에서 결국 사람이 되었네. 鬼人關上乃爲人
마음 씀을 이제부터 모름지기 바르게 한다면, 用心自此却須正
어찌 이 몸 닦을 수 없을까 근심을 하겠는가. 何患不能修是身

『百弗庵先生文集』卷1,「詩」,「讀大學」

그는 다양한 경전 가운데 특히『대학』에 대한 집착이 남달랐다.「역중잡록曆中雜錄」에서도, "학문을 하는 데 있어서『소학』과『대학』을 말미암지 않으면 그것은 학문이 아니며, 사람을 가르치는 데 있어서『소학』과『대학』으로써 가르치지 않으면 교육이 아니라."라고 할 정도로 후학들에게 『대학』의 중요성을 거듭 강조하였다.

43세(1747)에는 '경敬' 자를 크게 써 놓고 보면서 늘 스스로 경계하고 반성하였으며, 훗날 '경' 자를 나무패에 판각하여 벽에 걸어 두었다.

후학들에게도 '경'에 대해 설명하면서 의미를 부여하기를, "경은 별도로 한 가지 일을 이루는 것이 아니라, 다만 어떤 일이든 대수롭지 않게 대충 보아 넘기지 않는 것이니, 오직 두려워하지만 가까이 해야 한다는 설명이 사람들이 가장 쉽게 알도록 하는 것이다."라고 하며 평생 삶의 지남으로 삼았다. 그리고 1년 전 처음 만났던 이상정에게 아들 주진을 보내어 학문을 수학하게 했다.

44세(1748)에 반계磻溪 류형원柳馨遠(1622–1673)이 1670년에 완성한 『반계수록磻溪隨錄』을 처음 접하고 읽은 후에 근세 경륜經倫의 학문으로는 이 책이 최고라고 했다. 그는 40대 이후 집안 아우, 조카, 후손 등을 비롯해 인근에 사는 제자들과 강회의 자리를 자주 마련하였고, 모임에서 다양한 서적을 함께 읽었다. 46세(1750)에 둘째 아우 육와陸窩 최흥건崔興建(1712–1769)과 『성리대전』과 『중용』을 강론하였다. 그리고 50세(1754) 정월에는 혼자 동화사桐華寺에 가서 『심경心經』을 읽었다. 일기에 보면, "한가롭게 지내면서 몸을 안정하고 휴양할 계획을 세워 산방에 들어가서 조용히 앉아 깊이 완미하니, 참으로 맛이 있음을 깨달았다."라고 하였다. 또한 51세(1755) 11월에는 최흥벽崔興壁과 함께 『주자서

朱子書』를 읽었다. 일기에 "지금부터는 손님 접대를 적게 하고 책을 보고 연구하는 데 전념하여 사교와 더불어 『주서朱書』를 변난辯難하니 자못 참맛을 깨달았다."라고 하였다. 75세(1779) 2월에 북계정사에서 남촌南村 송이석宋履錫(1698-1782)과 함께 『심경』을 강론하였다. 그리고 혼자 『통서通書』를 읽었다. 그 이듬해 11월에 『중용』을 읽었다.

82세(1786) 정월에 제자들과 함께 『소학小學』·『대학大學』·『서명西銘』 등을 강론하였다. 그는 "고인은 다만 『소학』 가운데 함양, 성취로부터 학문을 했으니, 『대학』은 다만 격물치지에서 일으킬 따름이었다. 만약 『소학』 공부 없이 격물치지를 먼저 한다면, 망망탕탕해서 근거할 만한 바탕이 없을 것이다. 이는 주자가 '경' 한 글자를 적출해서 성학聖學의 성시성종成始成終의 공으로 삼는 것이다."라고 했다.

2) 교유의 폭을 넓히다

최흥원은 30대부터 자신의 학문 정진에 힘썼을 뿐만 아니라, 교유의 폭도 넓혀 나갔다. 36세(1740) 4월에 부인 일직손씨一直孫氏가 고인이 되었다. 17세에 혼인하였던 손씨부인은 약 20년 동안 현모양처로서 내조를 다하였다. 그는 "함께 어버이를 봉양하고 제사를 받들려고 했는데, 불행하게도 갑자기 내조를 잃게 되었다. 어찌 명이 아니겠는가?"라고 하며 슬퍼하였다. 이후 그는 불편함이 많았지만, 재혼하지 않고 40여 년 동안 홀로 지냈다.

그해 10월에 안동 하회河回로 갔다. 그곳에서 먼저 서애의 5대 주손인 서호 류성화(1668-1748)를 뵙고 인사를 드렸다. 그리고 겸암정사와 옥연정사를 찾아가 유상하였고, 지곡枝谷으로 가서 병곡屛谷 권구權榘(1672-1749)를 찾아가서 인사를 드렸다. 12월에는 광양光陽에 유배되어 있던 제산霽山 김성탁金聖鐸(1684-1747)을 뵙기 위해 광양으로 떠났다. 김성탁을 뵈러 광양으로 가는 길에 잠시 진주晉州 촉석루矗石樓에 들러 누각에 게판되어 있는 김성일의 「삼장사三壯士」 시를 보고 차운시를 남겼다.

내 비록 못났으나 그래도 지사인지라,	我縱龍鍾猶志士
촉석루에 올라서 맑은 물 바라보네.	來登矗石臨淸水
강루의 좋은 경치 그 어찌 논하리오,	江樓勝賞何須論
같이 죽기로 맹세한 삼장사를 추모할 뿐.	只憶三賢共誓死

『百弗庵先生文集』 卷1, 「詩」, 「登矗石樓次三壯士韻」

그는 뜻을 가진 한 선비로서, 지난 임진란에 순국한 선현들을 생각하며 촉석루에 올라 삼장사의 숭고한 희생을 추모하였다. 그러고는 다시 광양으로 가서 김성탁을 만났다. 김성탁은 17세(1700)에, 영남 퇴계학파의 적통을 이었다고 할 수 있는 갈암葛巖 이현일李玄逸의 문하에 입문하여 학문을 수학하였고, 30대에 이미 많은 유생들이 그의 문하에 입문하여 수학할 정도로 학문이 뛰어났다. 그는 54세(1737) 5월에 스승 이현일의 억울함을 신구伸救

하다가 국문鞫問을 당하였고, 결국 넉 달 후 9월에 제주濟州 정의현旌義縣으로 유배길에 오르게 되었다. 다시 그 이듬해(1738) 6월에 광양현光陽縣 섬진蟾津으로 배소를 옮겼다.

그는 멀리 광양까지 찾아간 김에 며칠 묵을 요량이었다. 하지만 때마침 김성탁이 유배지에서 어머니의 상사를 당하게 되자 조문하고 곧장 돌아올 수밖에 없었다. 당시 김성탁은 영남 퇴계학의 적통을 이었다고 할 수 있을 정도로 그 위상이 대단했다. 그런 대유大儒를 뵙기 위해 멀리 광양까지 찾아가 당대 영남의 최고 선각자를 만난 그의 광폭 행보는 시사하는 바가 크다.

그는 영남의 퇴계학맥 관련 인물 등과 매우 적극적으로 교유 관계를 맺게 된다. 그는 교유 인물의 연치와 지역에 구애됨이 없이 직접 찾아가기도 하고 옻골로 찾아오는 이가 있으면, 교유 관계를 형성하고 학문을 서로 수수하기도 하였다. 1743년 2월에 송와松窩 안명하安命夏(1682-1752)가 찾아오자 그와 함께 예설禮說과 관련하여 의심나는 부분을 논의하였다. 안명하는 19세 때 갈암葛庵의 문하에 들어가 수학한 인물로, 벼슬에 나아가지 아니하고 평생 성리학과 예학을 깊이 연구하여 후학 양성에 전념하였다. 1723년에 그는 갈암의 신원을 요청하는 상소를 올리기도 하였다.

그리고 9월에는 경주 하계동에 사는 식호와式好窩 정엽鄭熀(1695-1775)을 찾아가 뵈었다. 정엽은 쌍봉雙峯 정극후鄭克後의 6세손으로, 예설禮說에 뛰어났다. 훗날 대산 이상정이 「식호와정공묘지명병서式好窩鄭公墓誌銘竝書」에서 "말세의 풍속 더욱 투박해져 거

름풀 보듯 예를 무시했으나, 덕이 아름다운 우리 정공鄭公은 밤낮으로 고서를 즐겨 보았지.[末俗益偸 視若土苴 有懿我公 夙嗜古書]"라고 하며, 그의 뛰어난 예실과 학행을 호평한 적이 있다.

41세(1745)에 강와剛窩 임필대任必大(1709~1771)가 찾아와 『가례家禮』와 『소학小學』 등의 책을 함께 읽으며 강론하였다. 임필대는 젊어서부터 학행이 뛰어나 1749년에 경상도관찰사 민백상이 그를 천거하였으나 벼슬에 나아가지 않았고, 학문 수학과 후학 양성으로 생을 마쳤다. 특히 그는 고례古禮를 소홀히 하는 당시의 풍속을 개탄하며 주자의 『가례』를 참고하고, 시의에 맞는 그림을 첨가하여 『사의四儀』라는 예서禮書 한 편을 편찬하였는데, 1782년에 소산小山 이광정李光靖(1714~1789)이 여기에 서문을 썼다. 그는 김낙행金樂行, 권렴權濂, 이상정李象靖, 이의태李宜泰 등과 학문적으로 교유하였다. 최흥원은 그와 함께 며칠 동안 머물며 학문을 강론하면서 그의 뛰어난 학식을 칭찬하였다.

최흥원은 42세(1746)에 안동을 방문한다. 물론 이전에도 안동을 방문한 적이 있었지만, 당시 안동으로 떠난 그의 발걸음은 특별한 의미를 갖는다. 그는 먼저 농암종택에 들렀다가 도산서원으로 갔다. 도산서원 상덕사尙德祠를 참배하고 도산서당 암서헌巖栖軒으로 갔다. 그리고 향내 명사名士들과 유람하였다.

그는 『역중일기曆中日記』에서, "문집을 읽을 때면 매번 진실로 느끼는 점이 많았는데, 이제야 남은 발자취를 완상해 보니, 고산경행高山景行에 대한 생각이 더욱 절실하구나."라고 당시의 감회

도산서당 암서헌

를 적었다. 퇴계 선생의 문집을 읽으면서 매번 깨닫는 바가 많았지만, 선생이 직접 노닐던 곳에 가서 주변 환경을 완상하면서 큰 선생의 행실을 더욱 생각하게 되었다고 자신의 소회를 토로하였다.

그다음 날 퇴계종택退溪宗宅을 방문하고 퇴계의 선영先塋에 가서 배알하였다. 또한 청벽青壁 이수연李守淵(1693–1748)을 찾아가 뵈었다. 이수연은 퇴계의 6대손으로, 조부인 몽재蒙齋 이안도李安道 등과 함께 퇴계 가학家學의 전통을 이은 인물로 일컬어진다. 그는 밀암 이재의 문인으로 증광시增廣試에 합격했으나, 환로를 단념하고 평생 학문 수학과 퇴계의 저술을 정리하고 수습하는 데 힘썼다. 특히 그는 창설재蒼雪齋 권두경權斗經(1654-1725)의 『퇴계선생언행통록退溪先生言行通錄』을 보완하여 『퇴계선생언행록退溪先生言行錄』을 편찬하였다. 이수언은 권두경 이후 퇴계의 저작물을 정리하는 데 많은 공헌을 한 학자 가운데 한 사람이다.

그리고 다시 풍산豊山으로 갔다. 오미동五美洞에서 대산 이상정을 만나게 된다. 당시 이상정과의 만남은 큰 의미를 갖는다. 그는 여섯 살 연하였던 대산을 처음 만났는데, 서로 뜻이 계합하매 이후 편지를 왕래하며 도의를 쌓았다. 그 이듬해(1748) 정월에 아들 최주진의 스승이자 학문적 교의를 맺었던 치재 조선적(1697-1756)과, 1년 전 처음 교의를 맺었던 대산 이상정이 병조좌랑으로 내직에 있다가 잠시 휴가를 얻어 고향에 있으면서 여가를 내어 옻골[漆溪]을 방문하였다. 영남의 대유인 두 학자와 함께 『소학』과 『대학』을 읽으며 강론하는 시간을 가졌는데, 당시 강론에서 그는 이상정을 자신의 유익한 벗이라고 하였다. 조선적은 돌아가면서 이상정에게 '회晦' 자로써 힘쓰게 하였는데, 이에 대해 최흥원은 "'회' 자는 처세와 벼슬하는 날에 마땅히 써야 하는 것이지 벗들과 모여 학문을 논할 때 쓰는 것은 옳지 않습니다."라고 하니, 대산이 그렇다고 했다.

치재가 옻골을 먼저 떠난 후 백불암은 아들 주진을 데리고 대산과 함께 팔공산을 유람하였다. 그리고 부인사夫人寺에 묵으면서 『심경』을 강론하였다. 대산은 이날의 유산遊山에서 개인적으로 깊은 감회를 받았던 것으로 보인다. 유람하는 동안 소소한 일상과 소회를 기록하여 「남유록南遊錄」을 남겼다. 대산과 헤어지고 나서 얼마 후, 백불암은 지난날 옻골에서 만나 학문을 강론하고 팔공산을 유람한 것에 대한 소회를 적어 대산에게 편지를 보냈다.

> 지난번에 멀리까지 왕림해 주셔서 제 집에 영광이었고, 또 더불어 팔공산 명승지와 선현의 유지遺址에서 서로 어울려 오르내리며 함께 놀 수 있었으니, 감사하고 다행함이 진실로 무궁합니다. 하물며 고요한 밤 산방山房에서 서로 마주하여 강론했던 유익함은 시끄러운 곳에 비할 바가 아니었으니, 어리석은 자가 얻은 것을 어찌 헤아릴 수 있겠습니까? … 지금 학자들은 한결같이 사화詞華에 중독됨이 이미 깊은 까닭에 후생을 가르칠 때 또한 자기가 배운 바대로 하여 본말을 전도시키고 선후를 상실하여 문로가 황폐하고 인심이 날로 그릇되는 데까지 이르렀으니, 비록 식견이 있는 분이 근심을 하여도 그것을 되돌려 놓을 수 있는 기운과 힘이 없을 것입니다. 지금 현자께서는 넉넉한 재능으로 일찍 정당한 문로에 나아가서 본말과 선후의 차례를 닦고 밝히셔서 후진들이 입문入門하는 데 혼미하지 않게 하였으니, 이것이 어찌 이 세상에서 쉽게 볼 수 있는 것이겠습니까?
>
> 『百弗庵先生文集』 卷3, 「書」, 「與李景文象靖戊辰」

당시 대산의 나이는 38세였고 그의 학문적 위상은 이미 대단한 경지에 올라 있었다. 치재와 대산이 동시에 방문한 것으로 봐서 백불암의 초청으로 이루진 모임이었을 것이다. 자신의 집에 직접 방문하여 함께 학문을 토론하고 팔공산에 올라 유람할 수 있는 기회를 준 데 대해 감사를 표현하고 있다. 또한 근래 공부하는 학자들이 과시에 얽매여 글을 묘사하고 꾸미는 사화詞華에 탐닉하는 병폐를 지적하면서, 후학들이 학문에 바르게 입문入門

할 수 있게 인도할 수 있는 인물은 바로 대산이라 여기고, 자신들의 기대에 부응해 주기를 바라고 있다. 이후 백불암은 대산의 문하에서 수학하는 아들 편에 자주 편지를 수고받으며 대산과 교의를 돈독히 했다.

46세(1750) 11월에는 대산의 아우 소산 이광정이 찾아와 며칠 동안 머물며 강의를 하였는데, 집안 자제들을 불러서 그의 강의를 듣게 했다. 이광정이 떠날 무렵 백불암이 후학들을 위해 좋은 말을 부탁하자, 소산이 문을 닫고 책을 읽으며 말하기를, "향인의 시비에 간섭하지 않는 데 힘쓰라."라고 하였다.

백불암은 49세(1753) 정월에 아들 주진에게 눌은訥隱 이광정李光庭(1674-1756)을 찾아뵙고 인사를 드리게 했다. 이광정은 갈암 이현일과 밀암 이재의 문인으로, 영남 남인의 대표적인 문장가였다. 그는 학행이 출중하여 지방관의 추천으로 자주 관직이 제수되었지만, 결국 환로에 나아가지 않고 문경聞慶의 녹문에 녹문정사鹿門精舍를 지어 은거하며 학문 수학과 선현들의 유고遺稿를 정리하고 교감하는 작업을 하였다.

53세(1757) 10월에 돌밭[石田]으로 가서 명암冥菴 이주대李柱大(1689-1755)의 영위에 문상을 하였다. 명암은 1723년에 한성별시에 장원급제하여 성균관에 들어갔으나, 이후 영조가 즉위한 뒤 환로宦路를 포기하고 학문 수학에만 전념하였다. 또 근처 칠곡에 사는 서헌恕軒 이세형李世珩(1685-1761)을 찾아가서 뵈었다.

77세(1781) 12월에 대산 이상정의 부고訃告를 받았다. 그는 대산을 자신의 '외우畏友'라고 표현한 바 있는데, 평생 이념을 공유했던 친한 벗의 하세下世 소식을 듣고 자리를 마련하여 곡을 하였다. 그리고 조카 최화진에게 지난날 대산과 주고받았던 글을 다 꺼내어 옆에서 읽게 했다. 1752년에 그와 주고받은 「논학論學」 8조목을 듣고, "이 늙은이가 평생 동안 공부한 것은 마땅히 여기에서 얻었을 것이다. 이미 스스로 힘쓰고 또 미루어서 붕우에게까지 미치게 하였으니, 어찌 군자의 마음 씀씀이가 아니겠는가? 우리 유자의 진정한 맥이 여기에 있을 것이다."라고 하며 소회를 토로했다. 이후 그는 3개월 동안 흰 띠를 하고, 벗을 위한 상례의 예우를 다했다.

3) 가문의 기반을 다지다

최흥원은 부모의 독려로 입신양명을 위해 과거에 응시하였는데, 25세인 1729년 가을에 포산시苞山試에 응시했다가 돌아왔다. 그는 당시 시장試場에서 과거 시험의 여러 가지 폐단을 경험하고서 이제 더 이상 과거에 응시하지 않기로 결심하고 아버지에게 간청하여 허락을 받았다. 이후 그는 일체 과거 시험에 관심을 두지 않고 자신의 학문 수학, 선조들을 위한 위선사업爲先事業, 집안 후손들과 향내 유생들을 위한 후학 양성 등에 전념하였다.

그는 27세(1731)에 선조들의 보본추원報本追遠을 실천하기 위한 위선사업을 기획하였다. 우선 그에 대한 구체적인 규약과 절목을 만들고, 그것을 명문화하여 「봉선입의상奉先立議上」을 지었다. 그는 입의立議의 서문에서 다음과 같이 기록하였다.

> 무릇 사람의 집에 경중敬重할 바는 봉선奉先보다 절실한 것이 없다. 우리 고조 이상 여섯 분의 위패는 세대가 멀어져 조천祧遷한 후로 묘전墓田을 별도로 두지 못했기 때문에 일 년에 한 번 지내는 제사도 오히려 구차하고 곤란함을 면치 못했으니, 이는 시달豺獺 보다도 못한 것이다. 자손의 정리에 어찌 부끄럽고 죄스러움을 견딜 수 있겠는가? 이에 문중의 여러 친족들과 두루 의논하여 마음을 합하여 힘을 모아 출물出物한 것이 3천 전錢이 되었다.
>
> 이에 규약을 만들어 성의를 다해 염산斂散한 지 십수 년이 지나고 난 뒤에 여섯 분의 위패에 모두 묘전墓田을 두어 일 년에 한 번 지내는 묘향墓享에 충분하니, 이는 실로 온 종족들이 능히 경중하여 봉선하는 힘이 있었기 때문이다. 돌아보건대, 혼모昏耗한 이 사람이 그 사이에 무슨 경중이 있었겠는가. 다만 특히 연로하기 때문에 이 일을 시작한 여러 친족들이 나에게 그 절목節目을 기록하기를 요구하기에 이에 참유僭踰함을 잊고 그 절목을 아래와 같이 논하여 정한다. 오직 바라건대 각자 척념惕念하고 영세토록 준행하여 보본추원報本追遠하는 정성을 바꾸지 않는다면 매우 다행스럽겠다.
>
> 『百弗庵先生文集』 卷12, 「雜著」, 「奉先立議上」

최흥원은 스물일곱의 젊은 나이에도 불구하고 선조들에 대한 추념 의식이 남달랐고, 이미 문중 내에도 그의 역할이 지대했음을 알 수 있다. 그는 가문을 일으키고 문중의 기반을 다지는 데는 선조를 받드는 것[奉先]이 가장 중차대重且大하다고 여겼다. 우선 1차적으로 제사의 제물을 구입할 수 있는 재정을 확보하기 위해 위토답[墓田] 매입에 힘썼다. 그리하여 일족들로부터 재물을 부조

받아 3천 전錢을 모금했다. 그리고 묘전墓田을 관리하여 묘향의 의식에 필요한 구체적인 절차와 목록을 입의立義로 만들어 「봉선입의상奉先立議上」을 마련하였다. 이 입의를 만든 후에 시류와 환경이 변화함에 따라 1752년에 「봉선입의중奉先立議中」·「봉선입의하奉先立議下」를 다시 만들었다. 백불암의 이러한 위선爲先 프로젝트는 문중의 기반을 다지기 위한 첫 번째 과제였다.

한편 그는 자신의 학문 수학도 게을리하지 않았다. 1734년에 장인 손명대가 깊이 공부할 것을 독려하며 보내 준 『심경心經』을 공부하였다. 그는 마음을 잘 다스릴 수 있는 가장 중요한 책이 바로 『심경』이며, 평소 배움을 잃은 사람이라도 『심경』을 열심히 숙독하고 음미하면 힘을 얻을 수 있을 것이라고 여겼다.

31세(1735) 7월에는 3월부터 병석에 누워 계시던 아버지가 돌아가셨다. 아버지가 병석에 누운 이후로 조석으로 아버지의 환우, 식사, 수면 상태를 보살폈고, 약제藥劑의 가감 정도를 직접 가늠하여 처방했다. 그는 다섯 달 동안 아버지를 극진히 간병하였다. 또한 하세한 이후에도 3일 동안 물과 간장을 먹지 않았고 수의壽衣와 관곽棺槨을 제작하는 데 온갖 정성을 다했을 뿐만 아니라, 빈소를 떠나지 않았다. 장사를 마친 후 묘 옆에 여막廬幕을 짓고, 어머니가 집에 계신 탓에 형제들이 번갈아 가며 추위와 더위에도 묘소를 지키며 조석으로 곡을 하면서 상주의 극진한 예를 다하였다.

34세(1738) 10월에 최흥원은 아버지의 유지를 받들어 대암臺巖 최동집崔東集(1586-1661)의 사판祠版을 별사別祠에 봉안하였다. 아버지가 임종하면서 그에게, "우리 고조高祖께서는 선비의 덕행이 사문斯文에 있고 두터운 은택이 자손에게 있어서 사림들이 일찍이 제사를 지내 드리고자 의논을 하였으나 법령 때문에 실행하지 못하였다. 내가 죽으면 예에 따라 마땅히 조천祧遷을 해야 할 것이다. 너는 반드시 별도로 사당을 세워 제사를 지내도록 해라."라고 유지를 남겼다. 이에 그는 예설에 뛰어난 학자들에게 자문을 구하여 별사를 건립하여 대암의 사판을 이곳에 봉안했다.

41세(1745) 9월에 여러 아우들과 조제고助祭庫를 세웠다. 하루는 예사禰祀를 마치고 여러 아우들에게, "우리 형제들이 늘 함께 살면서 힘을 다해 어버이를 섬기고자 하였으나, 끝내 그 뜻을 이루지 못했다. 사람의 정은 새로운 사물을 볼 때마다 부모를 생각하게 되는데, 어찌 시절마다 물건을 준비하고 제전祭田을 마련하여 효도하는 뜻을 이루지 않겠는가."라고 하며, 이에 대한 대안을 마련하기 위해 규칙을 만들고 제수를 준비하는 창고를 세워 그 이름을 '조제助祭'라고 하였다. 그리고 아우들에게, "우리들이 늘 백숙부모님을 부모같이 섬겨서 집안의 모범을 만들어 자손들에게 보여 주고자 하였다. 하지만 불행히도 모두 일찍 세상을 떠나셨으니, 지금 천향薦享하는 제수들은 모두 한 창고에서 내어서 조금이나마 추모하는 정성을 펴면 거의 유감이 없을 것이다."라고 하며 제사에서 종원들과의 화합을 당부하였다.

48세(1752) 3월에 「봉선입의奉先立義」를 지었다. 백불암은 문중의 여러 종원들과 지묘智妙에 모였다. 의식 예절에 필요한 사항을 분류하여 10조를 만들어 「봉선절목병서奉先節目幷書」를 지었는데, 매년 중구 때마다 모여서 강론하고 화목을 도모하기로 하였다. 이후 이를 좀 더 보충하여 차례와 규범은 사마온공司馬溫公(1019–1086)의 『서의書儀』를 참고하고 정명도程明道와 정이천程伊川의 격언과 우리나라 선현들의 여러 가르침을 가려 뽑아 「봉선입의」를 지었다. 그는 발문에서, "조상을 받드는 도리는 본말本末이 있다. 애경愛敬의 열매는 그 근본이요, 절문節文의 갖춤은 그 끝이다. 근본이 없으면 끝이 있을 수 없다. 본말 곧 애경과 절문을 겸해서 이룬 연후에 봉선奉先의 도리를 다할 것이다."라고 하며 입의立義를 짓게 된 배경과 의미를 덧붙였다. 그는 조상을 받드는 도리의 근본은 바로 애경의 열매라고 했다. 『효경孝經』「천자장天子章」편에 보면, "부모 섬기는 것에 사랑하고 공경하는 것을 다 쏟는다.[愛敬盡於事親]"라고 했다. 그리고 절문은 바로 예禮를 말하는 것인데, 절차節次와 문식文飾의 의미를 갖고 있다.

49세(1753) 8월에 별사別祀 앞에 제사를 지낼 수 있는 공간으로 활용하기 위한 제당을 건립하고서, 방의 이름을 '치각致殼', 당호를 '보본報本'이라고 명명하였다. 이상정과 조선적은 보본재報本齋의 건립에 공간적 의미를 부여하여 기문을 썼는데, 이상정의 「보본재기報本齋記」를 보면 다음과 같다.

참으로 훌륭합니다. 그대가 예를 행함이여! 변례이면서 그 정도를 잃지 않은 것입니다. 대암공의 아름다운 절개와 두터운 덕은 백세토록 사당에서 제향받기에 충분하고, 최씨가 칠계 한 지역에 살게 된 것은 대암공이 실로 처음 터전을 잡은 것입니다. 그러니 이 땅에서 제향받아 자손의 봉사를 누리는 것은 예에서도 의당 허여하는 바요, 돌아가신 처사공處士公의 간곡한 유명이었는데, 그대가 선친의 뜻을 계승하여 이루었으니 효자의 마음가짐이라고 이를 만합니다. 그대가 제사에 정성을 다하고 재계에 공경을 다하여 선조를 받드는 데 힘을 다하고 있으니, 벗으로서 더 이상 권면하고 경계할 것이 없습니다. 바라건대 이 마음을 종족에게 미루고 자손에게 베풀어서 이 집에 들어오는 자들이 모두 그대의 마음으로 자기 마음을 삼게 한다면 장래에 후손에게 많은 복이 또한 무궁하게 이어질 것입니다.

『大山集』 卷44, 「記」, 「報本齋記」

최흥원이 42세에 안동 풍산에서 이상정을 만난 이후로 두 사람은 평생 동안 학문적 도반이었을 뿐만 아니라, 서로 왕래하며 많은 문자를 주고받았다. 또한 최흥원은 아들과 손자를 비롯해서 집안의 자제들을 대산 문하에 보내어 두터운 교분을 쌓았다. 특히 대산은 백불암가百弗庵家의 선대 행장行狀을 비롯해 여러 건조물에 기문記文을 청탁받아 썼다. 그는 보본재의 기문에서도 백불암의 추원보본 의식을 호평하면서 자손들이 이런 정신을 잘 보존하여 후손들에게 계승할 것을 당부하였고 후손들의 발복을 기원하였다. 56세(1760)에는 보본당에 의고義庫를 만들어 흉년이 들 때 가난한 친척들을 구제하였다.

77세(1781)가 되던 새해에 「전가손식시고가묘문傳家孫湜時告家廟文」을 지어 가묘에 가서 손자인 근재近齋 최식崔湜(1762-1807)에게 가사家事를 모두 전승할 것을 고하였다. 그리고 근재를 대산 이상정의 문하에 나아가 공부하게 하고, 남야南野 박손경朴孫慶(1713–1782)을 찾아뵙고 인사를 드리게 했다.

4) 가학家學을 전승하다

최흥원은 문중의 기반을 다지고 집안을 일으키기 위해서는 대대로 이어 온 가학을 계승하고, 후손들의 학문을 진작시키는 것이 무엇보다 중요하다고 여겼다. 그래서 자신의 아들을 비롯해서 아우, 조카, 후손 등의 권학勸學에 힘썼다. 32세(1736) 여름에 영천에 사는 치재恥齋 조선적曺善迪(1697–1756)이 찾아왔다. 그는 어려서부터 다양한 서적을 두루 익히며 수학하여 당시 유림에서 그를 종사宗師라고 칭할 정도로 학문이 뛰어났다.

그 이듬해 정월, 조선적의 뛰어난 학행에 감화를 받았던 그는 당시 열세 살에 불과했던 아들 동계東溪 최주진崔周鎭(1724–1763)을 그의 문하에 보내어 학문을 익히게 했다. 아들을 객지에 보내고 얼마 되지 않았을 즈음에 아들에게 편지를 보냈다.

> 너를 보낸 지 이미 수십여 일이나 되었구나. 그간 잠자리와 식사는 어떠하며, 무슨 책을 읽고 있으며, 보고 듣고 말하고 행하는 바는 또한 진전이 있느냐? 네가 집에 있을 때 독서에 근면하지 않고 날마다 손해되는 이들과 유희하여 결코 바랄 만한 이치가 없었기 때문에 지금 현사賢師의 곁에 보내어 거기에 머무르면서 학업에 종사하게 하였으니, 너는 능히 아비의 마음을 알아서 뜻을 독실하게 하고 학업에 근면하여 스승의 가르침을 진실로 따

르고 있느냐? '근근勤謹'이라는 두 글자는 주자가 그 아들에게 바랐던 것이고, 나 또한 이것을 너에게 바라니, 너는 모름지기 문학에 부지런하고 언행을 삼가며 훌륭한 벗과 친하여 조금도 방과放過하지 않아서 기량을 면하는 것이 지극히 옳다. 그렇지 않으면 훗날 돌아와서 무슨 면목으로 부모와 친척을 보겠느냐. 다만 아이 때에 부모를 떠나면 돌아오고 싶은 마음에 이끌려서 학업에 전심하지 못하는 사람이 간혹 있으니, 이것 또한 너를 위해 염려가 되지만 만약 부지런히 공부하여 학업이 이루어지면 돌아오기가 저절로 쉬워질 것이며, 만일 학업을 이루지 못하면 돌아오기를 기약하지 못할 것이다. 학업을 부지런히 하는 것이 빨리 돌아오는 방도이니 힘쓰고 힘쓰거라. …

『百弗庵先生文集』 卷6, 「書」, 「寄兒」

편지에서 엄부嚴父의 기품보다 자상한 부정父情이 잘 느껴진다. 열세 살의 어린 아들을 멀리 치재의 문하에 보낸 지 얼마 되지 않았지만 헤어진 지 수년이 된 것처럼 무척 궁금하고 걱정스러운 마음이다. 편지의 서두에서부터 마무리까지 대부분이 학업에 대한 우려와 독려이다. 주자朱子가 맏아들 수지受之에게, "'근근勤謹' 두 글자는 이를 따라서 올라가면 무한히 좋은 일이 있으니 내가 비록 감히 말은 못 하지만 너를 위해 바라며, 이를 반대로 하여 내려가면 무한히 안 좋은 일이 있으니 내가 비록 감히 말하고 싶지는 않지만 너를 위해 걱정하는 것을 면하지 못할 것이다.[勤謹二字 循之以上 有無限好事 吾雖未敢言 而竊爲汝願之 反之以下 有無限不好事 吾雖不欲言 而未免爲汝憂之也]"라고 했던 것처럼, 최흥원도 자신의 아들에게 열심히 학문에 정진하고 언행言行을 삼가할 것을 거듭 경계하고 있다.

그리고 몇 달이 지난 3월에 안동에서 『성리대전性理大全』을 샀다. 그가 구입한 『성리대전』은 퇴계 선생이 직접 표제를 썼고, 월천月川 조목趙穆(1524–1606)이 평소 읽었던 책이다. 그는 아들에게 편지를 보내 "지극히 보배로운 것이며, 너에게 장래 교수하기 위한 것이니 너도 마땅히 알아야 한다."라고 하며, 책을 잘 간수하여 열심히 읽으라고 당부하였다.

그리고 38세가 되던 해에 아들에게 『서전書傳』「요전堯典」에 나오는 '기삼백朞三百'을 해석해 보게 하고, '선기옥형璿璣玉衡'이라는 혼천의渾天儀를 만들게 하였다. 또 그는 지구의 도수와 형상을 살펴보고 "처음 배우는 사람은 진실로 마땅히 심신을 구하는 공부로써 절실하게 해야 하지만 군자가 스스로 자강불식하는 뜻을 마땅히 여기에서 얻어야 한다."라고 하며 학문의 외연을 더욱 넓힐 것을 독려하였다.

그 이듬해 8월에 아들, 조카 등을 비롯하여 제자들을 위해 초하루와 보름에 정기적으로 책을 강론하는 규칙을 만들었다. 그리고 매월 삭망에 모여 유학의 기본적인 경전과 『소학』 등의 책을 배송背誦하도록 하였다. 「학재절목學齋節目」에 보면, 문학과 지식이 학자들에게 모범이 될 만한 사람을 뽑아 교장敎長으로 정하고, 그 교장이 유생들을 가르치고 단속[敎撿]하는 책임을 맡게 했다. 그리고 교장의 역할과 유생들을 교검하는 방법까지 꼼꼼히 절목에 규정하였다. 「학재절목」을 만들어 규정화한 것은 자손들의 학문을 진작시키기 위해서였다.

47세(1751) 3월에 아들 주진에게 안산安山에 살고 있던 성호星湖

이익李瀷(1681–1763)을 찾아가 뵙게 했다. 이익은 뛰어난 학문적 축적과 가문에도 불구하고 일찍이 과거를 포기하고 평생 첨성리(현 경기도 안성)에 은거하여 학문에만 전념했던 선형석인 학자였다. 그의 문하에서는 윤동규尹東奎·신후담愼後聃·안정복安鼎福·권철신權哲身 등 현달한 학자들이 다수 배출되었으며, 훗날 그의 학문은 다산 정약용에게까지 이어졌다. 특히 그는 퇴계의 문집을 비롯하여 『삼경석의三經釋義』·『사서석의四書釋義』·『계몽전의啓蒙傳疑』·『이학통록理學通錄』 등을 정리하여 초록하고, 훗날 자신의 제자 안정복·윤동규 등에게 부탁하여 이를 첨산添刪하게 했고 『이자수어李子粹語』로 편찬하였다. 최흥원의 아들 주진이 안산에 이익을 뵈러 갔을 때, 이익의 나이는 이미 71세였고 경제적으로 매우 어려운 실정이었다. 원행에도 불구하고 아들에게 당대의 대유를 뵙고 오게 했던 백불암의 행위는 시사하는 바가 크다.

또 그해 9월에 조카 사진思鎭, 상진相鎭을 대산 이상정의 문하에 입문하여 수학하게 하고, 타양서원에서 개최하는 향음례에도 참관하게 했다. 당시 안동 부사安東府使로 재임하던 소곡素谷 윤광소尹光紹(1708–1786)가 학행이 뛰어난 선비를 뽑아 타양서원陀陽書院에서 향음례를 거행하였다. 이때 이상정이 선발되어 훈적訓迪을 주도하게 되었다. 백불암은 이상정에게 편지를 보내어 두 조카가 향음주례에 참석하여 잘 배울 수 있게 해 달라고 부탁하기도 했다.

52세(1756) 12월에는 아들과 조카, 그리고 문도들을 모아서 북계정사北溪精舍에서 월삭강月朔講을 개최하였다. 매일 아침에 서로 읍揖하는 예를 실천하고 매월 초하루에 강론하는 규칙을 세웠으며 독서와 학문에 힘쓰는 일 외에도 의義를 행하는 것으로써 거듭하니, 원근의 학자들이 소문을 듣고 찾아왔다. 그리고 그 이듬해 4월에 문중 유생들과 문도들이 정사에 모여 글을 읽고 있었는데, 최흥원이 '체인조존독실유구體仁操存篤實悠久'라는 여덟 자를 써서 후학들을 독려하였다. 특히 곽기郭基가 돌아가기를 고하자, 백불암이 '경敬'을 지키는 방도를 그에게 가르쳐 주기도 했다. 54세(1758) 10월에 조카 항진恒鎭을 대산의 문하에 나아가 공부하게 했다. 또 그 이듬해 11월에는 족제 두와蠹窩 최흥벽崔興壁(1739-1812)을 대산의 문하에 나아가 공부하게 했다.

그 이듬해(1760) 3월에 아들 주진, 조카 항진을 비롯하여 족제 흥경, 흥지, 흥벽과 문인 이천경, 이경록 등이 북계정사에 모여 『심경心經』을 강론하였다. 또 다음 해(1761) 5월에 아들 주진, 조카 항진, 족제 흥구, 흥호, 흥립, 흥벽 등이 농연정에 모여 다시 『심경』을 강론하였다. 이렇듯 몇 년째 강회를 지속적으로 개최하여 문중 내 자제들이 강학을 게을리하지 않게 후손들의 권학에 힘썼다. 최흥원은 당시 소회를 이렇게 토로하고 있다.

집 지은 지 십 년인데 거의 살지 않다가,	成屋十年未一居
이제야 고요히 앉아 책 보기가 참 좋구나.	今來靜坐好看書
나그네들이여 창문 엶을 게으르다 비웃지 마소,	遊人莫笑開窓懶
책 안에 연비어약 이치가 있다네.	卷裏飛鳶又躍魚

『百弗庵先生文集』 卷1, 「詩」, 「避忌疾入溪房」

67세(1771) 2월에 자손들을 강학하기 위한 공간인 학재學齋를 건립하였다. 본래 이곳에서는 6대조 참판공이 강학 공간을 건립하여 후학을 양성하였으나, 이후 오래되어 퇴락하여 무너졌다. 최흥원은 문중의 종원들과 의논하여 학재를 다시 중건한 다음 학규學規 8조목을 상세히 정하고, 「학재강안소서學齋講案小敍」를 지어서 선조의 유지를 잘 계승하고 학업에 전념할 것을 당부하였다.

70세(1774)에 조카 우진宇鎭, 화진華鎭에게 대산의 문하에 나아가 공부하게 했다. 그리고 73세(1777) 3월에 문중 후손들과 문도들을 농연서당에 모아서 강론하였다. 강론을 마친 후 조카 우진과 화진 등 집안 자제들만 특별히 불러 열심히 학업에 정진할 것을 당부하고 참된 공부의 길로 나아갈 수 있는 유훈을 남겼다. 그는 "학문이라는 것은 외우고 읽는 데서 끝나지 않는다. 모름지기 스스로의 마음에 나아가 점검하며 생각이 미미微微한 것에서도 이욕 분계를 분별해 얻으며, 자기의 사사로움을 좇아 나오는 것은 반드시 힘써 없애야 할 것이요, 성명性命을 좇아 나오는 것은 반드시 한 터럭의 사사로움도 그 사이에 용납할 바가 없게 하는 것, 이것이 참된 공부이다."라고 하며, 참된 학문의 길을 조카들에게 제시해 주었다. 이후에도 농연서당에서 수시로 강회가 개최되었다. 강회에 참석한 이는 문중의 자제들이 다수를 차지하였는데, 이를 통해 그가 얼마나 가학을 중요시했는지를 알 수 있다.

5) 관직이 제수되다

74세(1778) 정월에 경모궁수봉관景慕宮守奉官에 제수되었으나 부임하지 않았다. 경모당은 영조의 둘째 왕자인 사도세자와 그의 비 헌경왕후의 신위를 모신 사당이다. 그리고 7월에도 장릉참봉莊陵參奉에 제수되었으나 부임하지 않았다. 또 12월에는 동몽교관에 제수되었으나 나아가지 않았다.

78세(1782) 8월에 귀천歸泉 서명선徐命善(1728-1791)이 정조正祖 임금에게 인재 천거를 위해 계를 올리기를, "예로부터 영남은 추로鄒魯라고 하였습니다. 문학과 선행이 빈빈함을 볼 수 있는데, 그중에서도 최흥원은 경상도에서 가장 명망이 높습니다. 이 사람은 일찍이 도道에서 천거되어 겨우 한 자리를 받았을 뿐이니, 어찌 사풍을 흥기시켜 인재를 모으기를 바랄 수 있겠습니까? 청컨대 해당 관서에 명하셔서 6품으로 등용하여 조정의 인재를 견발甄拔하고 권장하는 뜻을 보이소서."라고 하였다. 이에 대한 비답을 정조가 윤허하자 백불암에게 장악원주부掌樂院主簿가 제수되었는데, 결국 나아가지 않았다.

그 이듬해(1783) 정월에 정조 임금은 대신들이 모인 자리에서 말하기를, "전 주부前主簿 최흥원은 행실이 칭찬할 만할 뿐 아니라, 마을에 '선공先公'·'휼빈恤貧'이라는 창고를 두어 이웃 마을 사람들로 하여금 세금이 있는 것을 알지 못하게 하고, 인하여 향약으로써 과업을 권장하였으므로 이 사람을 반드시 보고자 하니, 해조該曹로 하여금 직급을 올리게 하고 거듭 타일러 올라오게 하

라. 아! 슬프다. 선비는 뜻을 숭상함을 귀하게 여기거늘 내 어찌 많은 이를 번거롭게 하겠느냐? 그러나 사방의 선비들이 내가 숭상하는 것은 학행學行이요, 급히 여기는 것은 인재人才임을 안다면 이를 권하는 내 마음을 알아줄 것이다."라고 하였다. 이렇듯 해조에 명하여 직품을 올리게 하고 올라오게 신칙하였지만, 최흥원은 결국 나아가지 않았다. 6월에 정조는 경상도관찰사에게, "최흥원은 전에 벼슬을 내렸으나 아직까지 출사하지 않으니, 본도本道에서 사서대전과 언해를 갖추어 인쇄하여 주도록 하라."라고 명했다. 그리고 12월에 다시 공조좌랑工曹佐郎에 제수하였으나 나아가지 않았다.

1784년(정조 8) 8월 1일에 중희당重熙堂에서 문효세자文孝世子(1782-1786)의 책봉 의식이 있었다. 문효세자는 의빈성씨宜嬪成氏(?-1786)의 아들로 태어났는데, 아들이 없던 정조가 그를 원자元子로 봉하고 세 살 때 왕세자로 책봉했다. 정조는 의식(동궁 책례東宮冊禮)을 행하기 한 달 전에 세자익위사世子翊衛司를 설치하고 대신들에게 재야에 있는 선비 가운데 경술經術이 뛰어난 인물을 물색하여 왕세자가 강론하는 주연胄筵에서 교도敎導할 인재를 추천하게 했다. 당시 여러 신하들이 한결같이 백불암을 추천하매, 7월에 정조는 맨 먼저 그를 익위사익찬翊衛司翊贊에 제수했다. 당시 80세였던 그는 헛된 명성으로 임금을 속여 거듭 잘못된 은혜를 입었다고 여겼고, 공경히 나아가지 못한 것을 늘 조심하며 익찬의 직위에 나아가지 않았다.

82세(1786) 4월에 정조는 "최흥원이 지금에야 계제에 오른 것은 법전에 어긋남이 있다. 이 사람은 경학으로 누차 천거 명단에 올랐으니, 금일 마땅히 직위에 맞게 임용하라."라고 전조銓曹에 명하였다. 그래서 대질大耋로서 통정대부通政大夫의 계제階除에 올랐다. 백불암은 "임금께서 신臣이 나이가 많다고 이렇게 대우하시니, 신이 과연 늙었는지라 이 직책이 실로 본분에 합당하다."라고 하며, 결국 사당에 고하였다.

8월부터 연달아 병석에 누웠으나, 7일에는 조카들의 만류에도 불구하고 병든 몸으로 선비先妣의 기제사에 참석하여 평소와 다름없이 제례를 다 갖추었다. 그리고 18일에는 주경主敬 공부가 처음부터 끝까지 돈독하여 비록 병상에 누워 있는 중에도 늘 이른 새벽에 청신한 마음으로 조용하게 「경재잠敬齋箴」을 외웠다. 21일에 병이 더욱 심해졌다. 병석에 누워 '경패敬牌' 위에 옷이 걸린 것을 보고, 손을 들어 옷을 치우게 하고 한참을 응시했다. 그다음 날인 22일 아침에 병 수발을 하던 시자에게 누운 자리를 정리하게 하고 부축을 받아 반듯하게 누워서 손으로 두건을 정리하고 미시未時에 하세하였다.

6) 부인동 동약夫仁洞洞約, 선부후교先富後教를 실천하다

『역중일기』에 보면 1739년 2월 24일에 백불암은 셋째 아우와 함께 수태水泰 산소에 새로 떼를 입히는 일을 보기 위하여 부인동夫仁洞으로 갔다. 그곳은 대암이 은거했던 농연정이 있던 곳이다. 그다음 날 떼를 새로 입힌 후 모두 흩어져 집으로 돌아갔지만, 그는 부인동에 묵었다. 그리고 26일에 근처 동사洞舍로 갔다. 그는 그곳이 오지奧地이면서 동민들이 궁핍하게 살아가는 것을 늘 안타깝게 여겨 동약洞約 규정을 만들었다. 이때 남전藍田 여씨향약呂氏鄕約의 규약을 조금 첨삭하여 동약을 만들었는데, 그것이 바로 '부인동 동약'이다. 그는 언문으로 동약의 조목을 구체적으로 설명하여 깨우치게 하고, 하인들에게 이 동약은 옛것을 바꾸고 새로운 것을 따른다는 뜻으로써 거듭하여 설명하였다. 또 동약洞約 법규의 뜻을 엄격하게 세우고 동네에 남아 있는 곡식을 모두 전곡이 담당토록 했다. 그는 며칠 동안 부인동에 머물며 동약 실행에 필요한 담당자를 정하고, 구체적인 규약까지 만들었다. 임봉래林鳳來를 서기書記로, 집안 사람 최경순崔慶淳을 동약직洞約直으로, 하인 중에서 배자운裵自雲을 동약소 이정洞約所里正으로, 박신특朴信特을 동약소 전곡洞約所典穀으로 삼았다. 그는 동약이 오래되면 게을러져 실행되지 않을까 하여 자신이 직접 부인동동약공전비夫仁洞洞約公田碑의 비문을 지어 경계하였다.

이 동네는 가장 깊고 외진 곳이어서 주민들이 순박하고 어리석어 속임이 없었다. 나의 선조 대암 선생께서 갑신년甲申年(1644) 이후로 농연 위에 은거하시면서 민속을 규검하여 남은 풍속이 오늘에 이르기까지 쇠퇴하지 않았다. 불초손 흥원은 동민들의 간절한 바람을 위하여 다시 옛 규약規約을 닦고 시의時宜를 참작하여 규약을 세워 관부官府에 알리고 해마다 한 번씩 모

부인동동약공전비

여서 강론하여 사람들이 모두 애친愛親, 충군忠君, 병이秉彝가 있는 것을 밝혔으나, 스스로 닦은 실적이 없고 먼저 부유하게 할 제도가 없으니, 민속을 변화시키는 것을 대개 쉽게 논의할 수 없었다. … 그 밭을 '공전公田'이라 하고 창고를 '공고公庫'라 하였다. 이것으로써 약중約中에 민부民夫의 세역에 충당하기로 하였으니, 이것은 거의 정전제 중에서 백 묘를 취하여 공전으로 삼는다는 뜻을 취한 것이다. 이에 세금을 재촉하는 관리가 동네에 들어오지 않으니 동민들이 편안히 살 수 있고, 전에는 굶주리고 추웠던 자들도 지금은 옷과 음식을 가지게 되고 뭇사람들의 마음이 모두 즐거워서 가르침을 기꺼이 받으니, 옛 성현이 이른바, "먼저 부유하게 하고 뒤에 가르쳐야 한다.[先富後敎]"는 것이 진실로 이 때문이었을 것이다. 사람의 마음이 마침내 게을러지는 것이 걱정이 되고 아름다운 자취가 쉽게 사라질까 두려워서 드디어 강사講舍 아래에 큰 돌을 세우고 그 석면石面에 사실대로 새겨서 영구히 남기를 도모하고자 한다.

『百弗庵先生文集』 卷13, 「碑碣」, 「夫仁洞洞約公田碑」

부인동은 대구부大丘府 해북촌면解北村面에 속한 마을로 중산리中山里, 근전리芹田里, 무산리舞山里, 부남리夫南里 등 네 개 마을을 말한다. 네 개 마을에 거주하는 대부분의 백성들은 매우 가난하였다. 최흥원은 주자朱子의 사창社倉 제도를 모방하여 계契를 만들었다. 사창 제도는 빈민을 구제하기 위한 제도로, 송나라 때 주자가 만들어 시행하였다. 우리나라에서도 1448년에 대구부에서 시험 삼아 시행하였다가 전국으로 확대했지만, 후기로 오면서 관리들의 폐해가 매우 심했다. 최흥원은 해마다 농사의 풍흉에 따라 이자利資를 달리 책정하여 시행한 지 얼마 되지 않아 많은 자본을 모을 수 있었다. 저축한 자본으로 전답을 매입하였고, 그 전답에서 나오는 수익금을 조세로 받았는데, 그 창고를 '선공고先公庫'라고 하였다. 또한 마을 백성들 가운데 가난하여 밭이 없는 사람들에게 밭을 나누어 주어 흉년이 들면 구휼하였는데, 그 창고를 '휼빈고恤貧庫'라고 하였다. 백불암이 동약을 만들어 운영한 목적은 바로 '선부후교先富後敎', 즉 먼저 부유하게 하고 뒤에 가르치는 데 있었다. 그의 『역중일기』를 보면, 동약을 만들어 시행한 후 그가 수시로 부인동으로 가서 실행 여부를 점검하였을 뿐만 아니라, 동약 임원들의 관리 상태를 얼마나 세심하게 점검하였는지 알 수 있다. 부인동 동약은 백불암종가에서 지속적으로 운영·관리하였다.

한편 최흥원은 41세(1745) 10월에 부인동에 학문을 익힐 수 있는 강당講堂을 건립하였다. 강당을 건립한 후, 그는 부인동 사람들을 모아서 그들에게 생활에 여유가 있으면 가르치는 것이 옛날의 도라고 말하였다. 이에 봄과 가을에 날을 정하여 함께 모여서 선비들은 마루에 정렬하고 일반 백성들은 뜰에 서서 질서정연하게 남전향약을 읽어서 깨닫게 하였다. 그리고 효제충신의 도와, 밭을 갈고 집을 다스리는 생업에 힘쓰게 했다. 그의 증손자 지헌 최효술 역시 여씨呂氏의 남전향약藍田鄕約의 방법과 같이 매년 봄 가을에 모임을 갖고 신의를 강의[講]하고 화목을 닦는 일[政]을 지속하였다. 동민들은 최효술이 한마음으로 봉행하고 옛 규범에 따라 동약을 잘 운영하자 그를 칭송하기도 하였다.

대암의 정신을 이은
옻골의 후예들

3 최효술, 문중의 외연을 넓히다

1) 선대의 가학을 잇다

최효술崔孝述(1786-1870)은 자가 치선穉善, 호가 지헌止軒이며, 아버지 통덕랑 최식崔湜과 정종로鄭宗魯의 따님인 어머니 진주정씨晉州鄭氏 사이에 맏이로 태어났다. 어릴 때부터 타고난 자질이 청명하고 기상이 우뚝하여 주위에서 크게 될 재목이라고 기대했다. 아버지 통덕랑이 그의 총명함을 시험하기 위하여『통감通鑑』에 있는 「반양절사론潘陽節史論」 한 편을 3일 동안 시간을 주고 외우게 했다. 3일 후 아버지 앞에서 배송背誦을 하는데, 한 글자도 틀리지 않고 다 외웠다고 한다. 10세에 「칠계제봉설漆溪諸峯說」, 「석류설石榴說」

등의 문장을 지었는데, 문장이 활발하고 담긴 뜻이 원대하여 주위 어른들이 보고 모두 칭찬하였다. 10대에 가학으로 재종조 칠실漆室 최화진崔華鎭(1752-1813)의 문하에서 수학하였다. 당시 그는 열심히 수학하고 행동거지를 공손히 하여 평소 성격이 엄격하여 작은 실수도 용서하지 않았던 최화진에게 꾸지람을 들은 적이 없었다.

23세(1808)에 외조부 입재 정종로의 문하에 나아가 수학하였다. 당시 71세였던 정종로는 늙은 나이에도 불구하고 총명한 외손자를 애지중지 보살폈다. 그는 배우는 유생이 감발하여 학습 효과를 거둘 수 있는 것은 가정에서 보고 듣는 것이 가장 중요하다고 여기고, 최효술의 증조부 최흥원이 실천했던 내용을 그대로 가르쳤다. 그는 두와蠹窩 최흥벽崔興璧(1739-1812)에게 편지를 보내어, "행동거지와 식견이 가학을 계승하기에 충분합니다."라고 칭찬하였다. 몇 년 후인 1810년, 대산루에서 강회가 열렸다. 강회에는 백하白下 황반로黃磻老(1766-1840), 성재誠齋 남한호南漢皜(1760-1821) 등 많은 사람들이 모였다. 당시 강회에 최효술도 참석하였는데, 참석했던 모든 사람들이 그의 학문적 논의와 견해가 정확하고 심오하다며 호평했다.

강의를 마치고 외조부를 모시고 산수를 거닐며 우산이십경愚山二十景을 답사했다. 답사하는 와중에 입재는 「경재잠敬齋箴」과 「숙야잠夙夜箴」의 '시분時分'과 '지두地頭'의 학설을 최효술에게 꼼꼼하게 가르쳐 주었고, 입재는 죽을 때까지 사용해도 능히 다 하지 못할 것이 있다고 하였다. 훗날 지헌은 이를 근거로 「숙야잠

경재잠중권해夙夜箴敬齋箴中圈解」를 지었다. 그 해설에서 "「숙야잠」은 '시분'으로서 언급했고, 「경재잠」은 '지두'로서 언급했으니, 각각 그 중요한 곳에 나아가서 그 분간이 다른 것이다. 지두 위에 시분이 있고 시분 위에 지두가 있으니 반드시 이 두 가지로써 서로 보고 함께 나란히 공부해 나아간 뒤에라야 성인聖人에 이르는 요점이 되는 것이다."라고 설명하였다. 외조부의 문하에 집지執贄한 지 한 달쯤 지났을 때 지헌은 외조부에게 안부安否 겸 자신의 근황을 아뢰는 편지를 보냈다.

> 옆에서 모시지 못한 지 벌써 한 달이 넘었습니다. 일찍이 체편으로 편지 한 통을 부쳤으니, 이미 받아 보셨으리라 생각됩니다. 서늘한 기운이 나는 이때에 엎드려 생각건대 도체의 기거가 신이 도와 만복하신지요? 서책을 보심에 빛남이 있으시고 응접함에 어긋남이 없으신지요? 슬하의 여러 분들도 즐거움을 드리고 편안하여 즐거움만 있고 걱정은 없으신지요? 엎드려 위로하고 축하함이 간절하여 저의 정성을 다할 수 없습니다. … 본래 자질이 둔해서 떨치고 일어날 수 없으니, 곧 일의 형편이 구애됨을 또한 어찌 끌어와서 구실을 삼을 수 있겠습니까. 옛사람이, "한마디 말로써 죽을 때까지 행할 것이 있다."라고 하였는데, 가만히 생각건대, 옛날에 모시고 있을 때 얻어들은 지극한 말씀이 많았는데도 끝내 즐거운 마음만 가졌지 그 뜻을 깊이 알지 못하였으며 따라서 결점을 고치지 않아 지금까지 조금도 실제로 얻는 바가 없으니, 생각할 때마다 다만 두렵고 송구한 마음 간절할 뿐입니다.
>
> 『止軒先生文集』 卷2, 「書」, 「上立齋先生」

편지에는, 비록 외손이지만 제자로서 외할아버지의 평안을 간절히 기원하는 애틋한 정이 묻어 있다. 70대에 접어든 외조부의 강녕을 바라며 옆에서 수학할 때 더 많은 가르침을 받지 못한 자신의 불민함을 탓하며 스스로를 신칙하고 있다. 그는 사서四書를 비롯하여 주렴계周廉溪와 정자程子 관련 서적, 『심경』, 『근사록』 등에 가장 심취하였고, 또 퇴계의 문집에서 절실하고 요긴한 내용들을 뽑아서 진덕 수업의 자료로 삼았다. 이후 그는 입재의 학문적 연원을 이어서 출사出仕를 단념하고 평생을 학문 수학에만 전념하였다. 또한 부모에 대한 효성이 지극하였다. 매월 초하루가 되면 반드시 절을 하며 장수를 기원하였고, 모든 일은 부모의 뜻에 따라 결정하여 실행에 옮겼다. 그리고 부모가 살아 계실 때에는 한 번도 멀리 여행하지 않았다. 집안 일 이외의 모든 일은 삼종제 관술觀術에게 일임하였다. 혹시 경조사로 인해 멀리 출입해야 할 일이 있으면, 떠나기 전에 여러 가지 약제들을 증세에 따라 투약할 수 있게 한 봉지씩 나누어 묶은 후, 쉽게 볼 수 있게 약제마다 한글[諺書]로 기록하여 안채[內間]에 부탁하였다. 그는 "부모 섬기는 사람은 의술에 대해 몰라서는 안 된다.[事親者不可不知醫]"라고 하며, 의서醫書를 늘 옆에 두었다. 약성藥性을 대략 터득하여 책자 하나를 만들어 노인에게 투약하는 처방을 많이 적어 두고, 이에 의거하여 투약하니 반드시 효능이 있었다고 한다.

최효술은 이미 학문이 집을 잇기에 충분했고, 세상을 구제할 수 있을 정도로 학행이 뛰어나 69세(1854)에 동래부사 이휘녕李彙寧의 특별 천거薦擧가 있었다. 또 그해에 암행어사 박규수朴珪壽(1807-1876)가 경상좌도에 암행어사로 왔다가 그의 학행을 보고 포상하는 계啓를 임금에게 올렸다. 72세(1857)에도 담재澹齋 임응준任應準(1816-1883)이 암행어사로 왔다가 그를 포상하는 계를 올렸다. 75세(1860)에 장릉참봉莊陵參奉에 제수되었다. 하지만 그는 "내가 시골의 한 사람으로서 헛된 이름이 임금께 들려 외람되이 이런 은명을 받았으나 쇠약하고 늙어 병까지 들었기에 속배하지 못하니, 신하의 분수를 다하지 못했도다."라고 하며 나아가지 않았다. 80세(1865) 정월에 통정대부의 위계에 올랐으며, 5월에는 돈녕부도정敦寧府都正에 제수되었으나, 「사돈녕부도정소辭敦寧府都正疏」를 올려 자신이 나아갈 수 없음을 피력하였다. 또 당시 관찰사 이삼현李參鉉이 향음주례와 강회講會를 거행하기 위해 그를 초빙하였으나 나아가지 않았다.

2) 후학을 양성하다

최효술은 20대 초에 외조부의 문하에 나아가 학문을 수학하여 퇴계학의 큰 흐름에 학연을 맺고 있을 뿐만 아니라, 선대로부터 전승되어 온 가학을 적극 실천하여 문중의 학문 진작에도 노력하였다. 그는 독서에 있어서 대충 섭렵하기를 힘쓰지 않고 오직 의리를 연구하는 데 힘을 쏟았다. 후학들에게 "무릇 독서는 반드시 의문되는 단서를 끄집어내어 문맥을 찾아야 마침내 오래도록 간직해서 앞으로 나아갈 수 있다. 만약 붕 떠서 소홀하게 보고 지나가서 의문점을 찾지 못하면 결국 참으로 터득하는 것이 없다.[凡讀書 必引起疑端 看索路脈 方能久持而前進 若泛忽看過 無所疑難 則終無實得處]"라고 하며, 독서의 기본적인 방법을 언급한 적이 있다. 당시 그는 향내에서 학행으로 존경받는 대유大儒였으며, 노년에 집안 자제들뿐만 아니라, 향내 유생들의 학문 진작에 많은 관심을 가지고 각종 강회에 적극 참여하였다.

71세(1856)에 경상도관찰사 해장海藏 신석우申錫愚(1805-1865)가 유생들을 향교에 모아 놓고 김기순金箕淳을 보내어 지헌을 강장으로 초빙했다. 그는 상읍례相揖禮를 행하고, 3일 동안 『심경』을 강의하였다. 당시 유생들은 "오늘 선생께서 이곳에 오셔서 이런 강의를 하신 것은 참으로 입옹立翁의 전례를 이은 것입니다."라고 하면서 입재立齋가 지난날 행했던 사실을 상기하며 선생에 대한 존경을 표현하였다. 3일 동안 강의하면서 유생들의 질문과 자신의 답변을 기록하여 「향교강록鄕校講錄」으로 남겼다.

18세기 말부터 조선 일대에 외양 선박들이 잇달아 출몰하고 19세기 중반에는 급기야 군사적 충돌까지 야기되자, 결국 조선은 쇄국정책을 통해 외세의 간섭과 개입을 더욱더 굳건하게 통제하였다. 특히 18세기 후반부터 천주교가 전국에 점조직으로 전파되자, 마침내 1866년 1월에 프랑스 선교사 9명과 천주교도 8,000여 명을 처형하는 병인박해丙寅迫害가 일어났다. 이에 격분한 프랑스가 그해 8월에 조선을 침공하기 위해 정찰한 후, 9월에 강화도를 침공하는 병인양요가 일어났다. 이런 일련의 정세를 듣고, 지헌은 "사교를 금지하는 것은 우리 학문을 밝히는 것만 같지 못하다."라고 하며 동천사東川社에서 강회를 개최했다.

응와 이원조李源祚(1792-1871)가 강회에 초빙되어 『대학』을 강의하였다. 강회에는 집안 자질子姪들이 대거 참석하였다. 그래서 집안 유생들에게 통강해서 읽은 것을 동천사東川社에서 강하게 했다. 강을 마친 후, 집안 자질들에게 "자제들이 자기 직분을 닦지 않는 것은 모두 글을 읽지 않아서 방법을 모르는 데서 기인하는 것이다. 지금부터 각자 힘써 노력해서 늙은이의 말이라고 소홀하게 생각하지 마라."라고 하며 학문의 독려를 훈계하였다. 당시 강회에서 유생들이 질문하고 강장이 답한 내용들을 정리하여 「동천강록東川講錄」으로 남겼다. 또 그 이듬해(1867)에도 유호사柳湖社에서 강회를 개최하여 『중용』을 강의하고, 「사원강록四院講錄」을 남겼다. 그는 80세의 노구에도 불구하고 후학 양성에 힘썼다.

1870년 7월에 병석에 누웠고, 10월 12일에 칠계에서 향년 85세로 하세하였다. 그는 병석에 누워 장손 칠호漆滸 최시교崔峕敎(1844-1918)에게 경계하여 말하기를, "모름지기 아이들로 하여금 글을 읽고 행실을 닦아서 문호를 저버리지 말게 하여라."라고 하며 가문의 수호와 가학의 중요성을 강조하며 후손들의 학행學行을 단속할 것을 당부하였다.

3) 농연聾淵을 노래하다, 「농연구곡聾淵九曲」

백불암가百弗庵家에서 농연이 갖는 환경적 의미는 지대하다.

먼저 1640년에 대암이 탈세속하여 장수藏修의 공간으로 농연정을 마련한 데가 바로 이곳이며, 학문을 수학하면서 은자적 삶을 마친 곳도 이곳이다. 그로부터 약 100년이 지난 후, 최흥원이 아들 최주진을 데리고 이상정과 함께 팔공산을 유람한 적이 있다. 당시 대산은 유산하면서 보고 느낀 소회와 유람의 일상을 기록으로 남겼는데, 그것이 바로 「남유록南遊錄」이다.

> 시내를 따라 내려가니 폭포 하나가 바위 사이에서 쏟아지는데 한 길쯤 되는 높이에 물은 맑고 얕아 마음에 들었으며, 좌우로 큰 바위가 휑하니 마주 보며 치솟아 있어 정자를 지어 굽어보면 좋을 듯하였다. 또 그 수백 보 아래에서 동쪽으로 꺾인 곳에 농연聾淵이라는 연못이 있는데 양쪽으로 큰 바위가 옆으로 누워 있어 대나무 안석 같았다. 길이가 예닐곱 자 정도에 물이 그 안으로 쏟아지고 깊이도 그만큼 되었다. 서녘의 산기슭은 초목이 울창하고 벽면은 모두 분칠한 듯이 희어 골짜기에서 가장 아름다운 곳이었다. 여호의 선조인 대암공臺巖公이 일찍이 그 위에 정자를 지었는데 지금 그 터가 남아 있고, 여호가 다시 지으려는 뜻을 가지고 있지만 아직 이루지 못하였다. 또 남쪽으로 꺾인 곳에 고연鼓淵이라는 연못이 있는데 한 길 남짓 폭포가 쏟아졌다. 산골짜기는 깊고 조용하며 큰 바위는 울퉁불퉁하게 자리하고 있으니 그 위에 작은 집을 지을 만하였다. 내가 말하기를 "이곳은 부인동夫仁洞이고 물은 종지촌宗智村에서부터 흘러나오니, 훗날 집이 완성되면 이름을 '인지仁智'라고 짓고서 산수의 즐거움을 붙여 두는 것이 어떻겠습니까?"라고 하니, 여호가 "네."라고 답하였다.
>
> 『大山集』 卷42, 「雜著」, 「南遊錄」

최흥원은 유람을 하면서 용연의 절경을 이상정에게 꼭 보여 주고 싶었을 것이다. 당시 유람에서 이상정의 시야에 들어온 농연은 특이한 경물들이 즐비하였다. 그는 유산록에서 농연의 아름다운 바위들과 고연의 폭포를 비롯해 연못의 경치를 실감나게 잘 묘사하였다. 7년 후 1755년에 대산이 「남유록」에서 언급한 바와 같이, 여기에 백불암이 농연서당聾淵書堂을 지었다. 이후 그의 증손인 최효술이 이곳을 아홉 개 굽이로 구획하여 아름다움을 표현한 「농연구곡聾淵九曲」을 지었다.

1곡은 백석白石, 2곡은 영귀대詠歸臺, 3곡은 고연鼓淵, 4곡은 농연聾淵, 5곡은 압로주押鷺洲, 6곡은 정락대靜樂臺, 7곡은 긍림대兢臨臺, 8곡은 구암龜巖, 9곡은 용문龍門이다. 최효술의 「농연구곡」 중 3곡 고연鼓淵과 4곡 농연聾淵을 감상해 보자.

셋째 굽이 폭포가 백 척이나 깊은데, 三曲懸流百尺深
갠 하늘에 내리는 뇌우가 녹음을 씻네. 晴空雷雨滌幽陰
개울가 푸른 돌이 대를 이루는 곳은, 臨溪翠石成臺處
명구를 거느려서 만상이 정연하네. 管領名區萬象森

넷째 굽이 농연이 고요하고 또 깊숙한데, 四曲聾淵窈且深
산에 가득한 소나무 계수나무는 백년의 마음이로다. 滿山松桂百年心
남쪽 창가에 고요히 앉아 맑은 내에 잠긴 달을 마주하여, 南囱靜對淸川月
개울의 근원을 좇아 오묘한 진리의 세계 찾아나 볼까? 試向源頭妙處尋

『止軒先生文集』 卷1, 「詩」, 「聾淵九曲」

최효술은 평소 농연의 절경들을 유상하며 자연의 이치를 체득

「농연구곡」 현판

할 수 있는 수양처로 삼았다. 대암이 처음 은거하여 장수의 공간을 마련하였고, 다시 백불암이 농연서당을 건립하여 강학과 상자연賞自然의 공간으로 활용하였으며, 훗날 지헌이 구곡문화를 승화시킴으로써 백불암가百弗庵家의 자연 향유의 정점을 만들었다.

제3장

선조들이 남긴 보전寶典들

선조들이 남긴
보전寶典들

1 선조들이 남긴 문자향文字香

1) 『대암선생문집臺巖先生文集』

『대암선생문집臺巖先生文集』은 대암 최동집의 시문詩文을 모은 문집이다. 『대암선생문집』의 초고는 대암이 살아 있을 때에 어느 정도 남아 있었다고 한다. 그러나 그의 친구였던 박공구朴玒衢가 빌려 가서 화재로 소실되었다. 이후 1751년에 백불암이 남아 있는 글들을 다시 모으고, 최흥벽이 수정·편성하여 4권 2책의 목판본으로 간행하였다. 문집의 정확한 간행 시기는 알 수 없으나, 정종로가 1811년에 문집의 서문을 지은 것으로 보아 그 이후에 간행된 것으로 여겨진다.

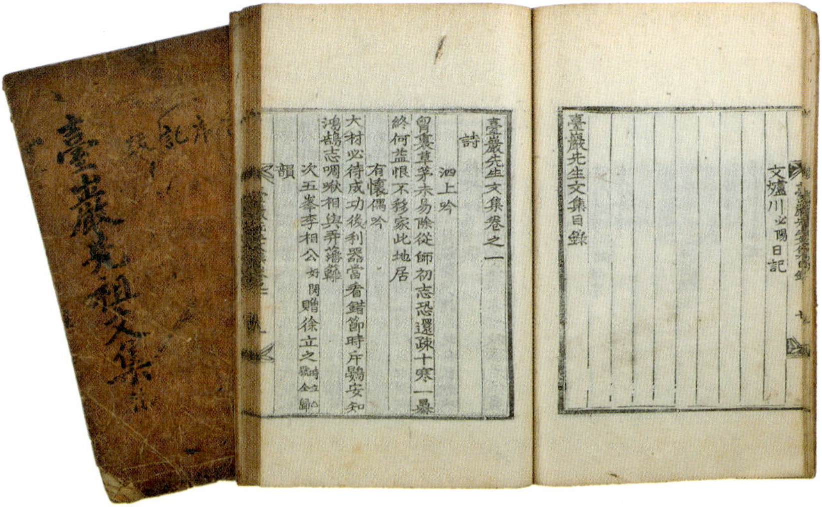

『대암선생문집』

문집의 구성을 보면, 권1은 시 78수, 권2는 서書 5편, 서序 1편, 기 2편, 발 1편, 권3은 제문 4편, 묘갈명 2편, 잡저 5편, 권4는 부록으로 만사, 묘갈명, 농연유허비명聾淵遺墟碑銘 1편, 기증시 6수, 농연재시聾淵齋詩 2수, 농연서당중건상량문聾淵書堂重建上樑文, 농연서당기 2편, 보본재기報本齋記, 개제시고유문改題時告由文, 손모당일기孫慕堂日記, 문노천일기文爐川日記 등이 수록되어 있다.

시는 연경서원의 남쪽 시냇가에 위치한 관서루觀逝樓에 대해 읊은 시 「연경서원신기관서루研經書院新起觀逝樓」, 정묘호란 이후에 나라를 걱정하는 마음을 읊은 시 「차이자정경란후차이백운견기次李子貞經亂後次李白韻見寄」 등이 있다. 주로 경상도 지역의 누정을 배경으로 벗들과 읊은 시가 수록되어 있다. 기記의 「연경서원인지

당상량기研經書院仁智堂上樑記」는 1563년에 서원이 창건된 뒤 임진왜란을 겪어 소실된 후 1645년 인지당을 지은 전말을 기록한 것이다. 잡저의 「채랍부採蠟賦」는 꿀을 채집하는 벌을 보고, 관리들의 방탕한 생활과 백성들에게 부리는 횡포를 풍자한 것이다. 「재화책財貨策」은 나라의 재정을 풍족하게 하면서 백성들의 삶도 부유해지기 위해 나라를 다스리는 방도를 밝힌 것이다. 권말에 최흥벽은 "아! 그것은 너무 간략하도다. 선생의 불후의 덕업은 진실로 이보다 많이 전해질 것이 있을 것이다. 그러나 백세의 아래서도 선생의 잔여 문자를 뒤따라 찾음에 있어서 여기 이것이 아니면 상고하고 의거할 수 없다. 선생의 후손 된 사람은 이것으로 만족함이 없이 더욱 다방면으로 구해 보면 평일에 오고 간 곳에서 남은 글과 찢어진 편지가 옛 책상자 속에 감추어져 있는 것이 없다고 하겠는가? 남몰래 제군들에게 의망하고 있을 뿐이다."라고 발문跋文을 적었다. 훗날 선조의 글이 세간에 있으면 모두 수습하기 바란다는 간절한 마음을 밝힌 것이다.

2) 『백불암선생문집百弗庵先生文集』

『백불암선생문집百弗庵先生文集』은 원집原集 14권과 부록附錄 4권을 포함하여 모두 7책의 목판본木版本으로 간행되었다. 서문序文과 발문跋文이 실려 있지 않아 정확히 언제 간행되었는지는 알 수 없다. 다만 『백불암집』의 「연보」에는 1789년 양례襄禮를 마치고

『백불암선생문집』 목판

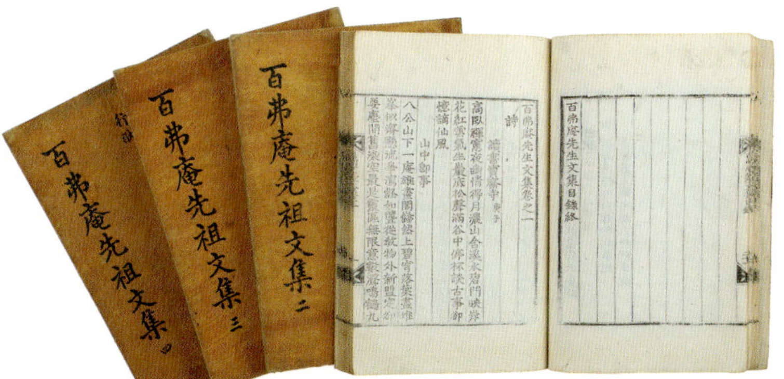

『백불암선생문집』

300여 명이 모인 자리에서 선생의 남아 있는 글을 수집하기 위해 좌우도左右道에 각 1명의 유사有司를 뽑았다는 기록[士林來會者三百餘人 自道內出諸執事 以行襄禮 又出搜輯遺文 有司左右道各一人]이 있다. 이 기록을 통해 선생이 돌아가시고 즉시 유문遺文을 수집하여 문집을 간행하고자 했던 의지를 확인할 수 있다.

문집 간행을 주도한 인물은 족제族弟이자 제자인 최흥벽崔興璧이었다. 그는 남아 있는 글을 수집하고, 수집된 글의 편성 작업을 주도하였으며, 1808년에는 편성된 것을 정종로鄭宗魯에게 보여 주면서 교정과 묘갈명을 부탁하였다. 그러나 1812년에 최흥벽이 하세하면서 문집 간행은 더 이상 이루어지지 못하였다. 그러다가 증손 최효술崔孝述에 의해 비로소 다시 간행하게 되었다.

> 부군께서 세상을 버리신 지 어언 삼십 년이 되었습니다. 지극한 말씀과 훌륭한 가르침이 아직도 상자 속에 그대로 있습니다. 문하의 여러 분들이 글을 모아 책을 엮었습니다. 처음부터 끝까지 정성을 다한 사람은 국전菊田이었습니다. 인쇄하기 전에 선고께서 돌아가셔서 불초한 저는 자나 깨나 두려웠습니다. 많은 선비들이 마음을 같이하여 이에 비로소 판각하게 되었습니다. 인쇄하고 제본하여 드디어 한 질帙을 이루었습니다. …
>
> 『止軒先生文集』 卷11, 「祝文」, 「曾王考文集刊役後家廟告文」

백불암 사후 30년이 지난 때이다. 증손 지헌은 문집을 간행하여 한 질을 사당에 올리고 고유를 하면서, 유문을 수습하여 문집이 출간되기까지 최흥벽의 노력이 컸음을 언급하였다. 문집의 간행 과정을 기록한 일기인 『사문문집간역기사師門文集刊役記事』에는 고령 봉천서당에 간역소를 설치하고, 해인사 소속의 각수가 판각하여 마침내 1815년 1월에 인쇄하였다는 기록이 있다. 이로부터 약 40년 후에 8권 4책으로 다시 간행하였다. 최효술의 문집인 『지헌선생문집』의 행장에 1852년 겨울에 교정校正하였다는 기록이 있으며, 1863년에 지은 백불암의 묘지후지墓誌後識에 문집 4책이 간행되었다는 기록이 있어 1852년과 1863년 사이에 다시 간행되었음을 알 수 있다.

『백불암집』은 원집 14권, 부록 4권으로 총 7책이다. 권1은 시 58수이고, 권2–권10은 간찰이다. 여기에는 조선적曺善迪, 류봉조柳鳳祚, 채제공蔡濟恭, 이상정李象靖, 이광정李光靖, 김종덕金宗德 등 주요 인물들과 동료, 제자 및 자식들에게 보낸 편지 407편이 수록되어 있다. 특히 자식들에게 보낸 편지에는 행실을 닦고 학문에 정진하라는 내용이 담겨 있으며, 손자인 최식崔湜에게 보낸 편지에는 아들을 먼저 보낸 후, 남은 손자에 대한 애틋한 정이 나타나 있다. 권11–권13은 「독서잡록讀書雜錄」, 「역중잡록曆中雜錄」, 「봉선입의奉先立議」 등이 수록되어 있다. 특히 「봉선입의」는 효제당孝悌堂, 학재學齋, 부인동 동약夫仁洞洞約, 선공고先公庫, 휼빈고恤貧庫 등에 관한 절목이 있어 부인동 향약과 관련된 내용을 살펴볼 수 있다. 권14의 「평거강의平居講議」는 문인이나 자제들과 강설한 내용을 기록한 것이다. 부록의 권4는 이광정이 지은 행장(1787), 안정복安鼎福이 지은 묘지명(1791), 정종로鄭宗魯가 지은 묘갈명(1808)이 수록되어 있다.

3) 『지헌선생문집止軒先生文集』

『지헌선생문집』은 최효술(1786-1870)의 시문詩文을 모은 문집이다. 모두 15권 7책의 목판본으로 간행되었고, 서문과 발문 등의 기록이 없어 정확한 간행 시기는 알 수 없다. 『지헌집』의 간행은 지헌의 손자인 최시교崔旹敎의 주도하에 이루어졌다. 최시교는 자신이 지은 행록行錄과 최완술崔完述이 지은 가장家狀을 이돈우李敦禹(1801-1884)에게 보내어 행장을 부탁하였다.

문집에서 권1은 시 64수로, 「용연잡영龍淵雜詠」, 「용연구곡龍淵九曲」을 비롯하여 누정 등에서 자연을 읊은 작품이 다수를 이룬다. 권2의 소疏에는 돈녕부도정敦寧府都正에 제수되었을 때 노병을 이유로 사직을 청한 글 등이 수록되어 있다. 권2의 서書는 정종로鄭宗魯, 이희발李羲發 류후조柳厚祚 등 당대의 출중한 인물들에게 보낸 간찰이다. 권3-권5는 류치명柳致明, 이병하李秉夏, 장석우張錫愚, 이휘녕李彙寧, 배극소裵克紹 등 당시 교유했던 여러 인물들과 학문에 대해 주고받은 질의와 답변 내용이 주를 이룬다. 권6은 친지들과 자식, 외손에게 보낸 서간문이다. 권7-권9는 잡저雜著로, 정종로의 문하에 입문하여 자신이 보고 듣고 배웠던 내용을 정리해 놓은 것이 대부분이다.

권10의 잠箴은 「자성잠自省箴」, 「신독잠愼獨箴」 등 스스로를 경계하기 위해 지은 수신과 관련된 내용이고, 「북유록北遊錄」은 1810년 정종로가 강학소를 열었다는 소식을 듣고 우산愚山으로

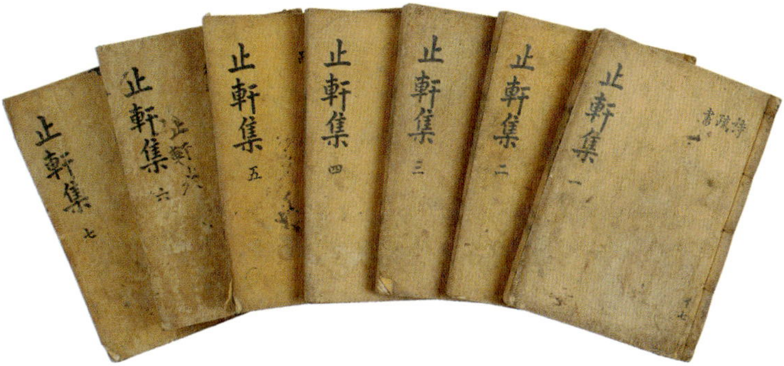

『지헌선생문집』

떠나는 과정과 그때 배운 것을 기록한 글이다. 「지자설止字說」은 만년에 자호自號로 삼은 '지헌止軒'의 의미를 설명한 것이다. 권11은 축문祝文, 제문祭文, 애사哀辭로, 증조부 최흥원崔興遠의 묘지후지墓誌後識, 조모 풍산류씨豐山柳氏의 묘지墓誌, 증조모 안동손씨에 대한 묘표墓表 등이 수록되어 있다. 권12-권14는 행장行狀, 유사遺事, 행록行錄이다. 행록은 주로 직계 선대에 관한 것이다. 권15는 부록으로, 이돈우李敦禹가 지은 행장과 이학래李鶴來가 지은 묘표墓表가 수록되어 있다.

선조들이 남긴
보전寶典들

2 종가의 보전寶典, 소중히 전해지다

백불암종가에 전해 내려오는 전적류들은 조선조 중후기 우리 나라의 역사, 특히 대구 지역 역사의 집약이자 그야말로 살아 숨쉬는 '보전寶典'이다. 종가에 전해 내려오는 자료는 약 15,300점이다. 우리나라 어느 명문가에 남아 있는 자료의 양과 비교해도 어마어마한 분량이다. 아무리 뛰어난 명문가라 하더라도 이처럼 많은 분량의 자료를 수백 년 동안 보유하고 있는 것은 결코 쉬운 일이 아니다. 어느 정도 갖추어진 보관 시설과 주기적인 통풍 작업, 포쇄曝曬 작업, 목록 정리 등이 뒷받침되면서 수백 년 동안 그 전통이 이어져야만 한다. 하지만 무엇보다도 조상들로부터 전해받은 유산에 대한 후손들의 애착심과, 그 유산을 잘 지켜서 다음 후손들에게 전해 주어 종가의 가훈과 정신을 물려줘야겠다는 책임감이 원동력이 되었을 것이다.

백불암종가에는 고서 665종 1,354책, 고문서 13,800여 점, 기타 유물 161점이 전해진다. 기타 유물로는 『백불암선생문집百弗庵先生文集』을 찍은 책판 33점, 수 대에 걸친 인장印章 39점, 비녀, 구한말에 사용했던 안경 등 여러 유형의 민속자료들이 포함된다. 이 자료들의 대부분은 지금 한국국학진흥원에 기탁하여 보관되고 있다. 현 종손은 수백 년 애지중지 보살피며 내려온 자료들을 종가에 계속 보관하면서 찾아오는 손님들이 유물각에서 실물을 마주할 수 있게 하는 것도 의미가 있겠지만, 그보다는 후대의 활용과 연구 자료로 제공하는 것이 더 중요하다고 생각했기 때문에 전문기관에 기탁하기로 결정한 것이다.

남아 있는 자료들은 그 수가 많을 뿐만 아니라 조선시대 사회상이나 대구 지역의 역사와 문중의 역사를 보여 주는 중요한 자료들이다. 최흥원의 부인동 향약 관련 자료 및 최흥원 당대를 전후한 경상감영 간행 자료, 옻골 문중의 선대 문집 간행 관련 자료, 최흥원의 『역중일기曆中日記』 관련 자료, 『반계수록』 교정본 등은 내용적인 측면에서도 가치가 큰 자료이다. 이뿐만 아니라, 고문서류로는 옻골 입향조인 최동집 등이 과거 시험에 합격했거나 관직에 제수되면서 받았던 자료들, 종가의 재산 형성과 분배, 사건의 해결, 지역사회나 문중의 공의公議를 도출하기 위한 과정과 결과의 내용이 담긴 여러 유형의 자료들이 포함되어 있다. 이

자료들은 흔히 볼 수 있는 훼손, 즉 벌레가 갉아 먹거나 물이 스며든 흔적 없이 하나같이 온전한 상태로 남아 있다.

1) 퇴계와 월천의 흔적이 남아 있는 『성리대전性理大全』

백불암종가에 전해지고 있는 고서 가운데 특별히 소중하게 여기는 것이 있다. 임진왜란 전 간행된 『성리대전性理大全』이 그것이다. 이 책은 명나라 초기와 조선 전기의 성리학을 이해하는 데 중요한 서적이다.

종가에는 70권 25책이 완질을 갖추어 전해지고 있는데, 이는 임진왜란 이전에 간행된 것으로 당대의 특징적인 형태를 지닌다. 그리고 가장 마지막 책인 25책의 뒤표지 안쪽에는 이 책이 왜 중요한지에 대한 다음과 같은 특별한 기록이 있다.

> 1546년 봄에 채형蔡兄 상사上舍(생원 진사를 일컫는 말)가 안동에서 찍어 낸 것이며, 퇴계 선생께 책 제목을 써 달라고 청하였다. 만력 경인년(1590) 겨울에 동고산인東皐山人 조목趙穆이 삼가 쓰다. [嘉靖丙午春因蔡兄上舍印于 安東請於退溪先生書題 萬曆庚寅冬東皐山人趙穆謹識]

이 기록은 퇴계와 그의 고제였던 월천月川 조목趙穆(1524-1606)이 이 책과 인연이 있음을 언급하는 내용이다. 월천이 직접 쓴 기록으로 보아 월천의 수택본手澤本이었던 것으로 보인다. 월천이 표지마다 책의 제목인 '성리대전'을 스승인 퇴계에게 써 달라고

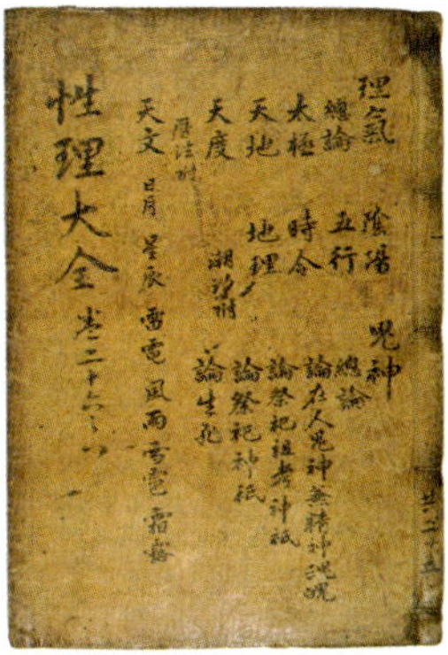

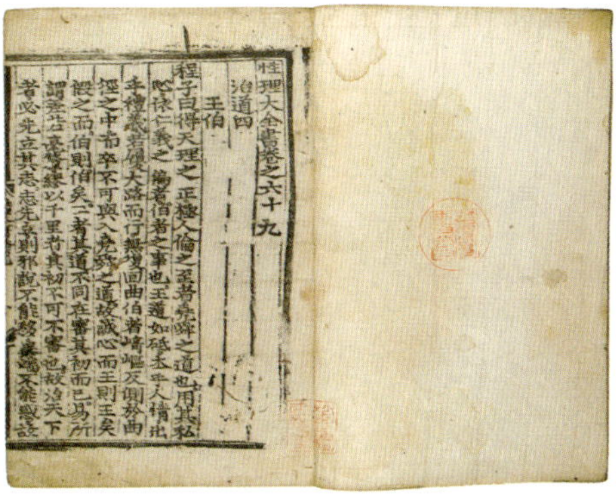

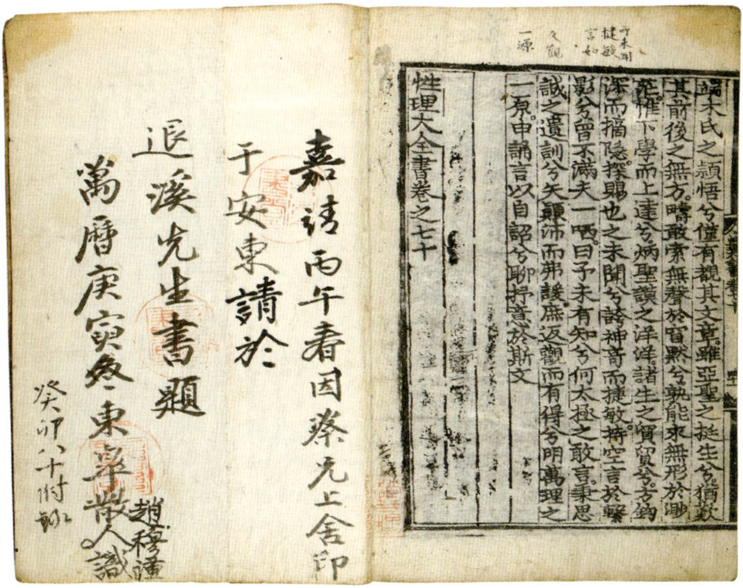

『성리대전』

요청해 퇴계가 손수 제목을 쓴 것으로 보인다. 또한 책의 끝 부분에는 '월천조목月川趙穆'과 '월천서당月川書堂'의 장서인이 찍혀 있어 월천의 수택본인 것이 더욱 굳어진다. 『성리대전』과 관련하여 『백불암집』의 「연보」에도 이에 대한 기록이 비교적 상세하게 적혀 있다. 그 기록을 보면, "『성리대전』 30책을 화산花山(안동)에서 샀다. 자식에게 주는 글에서 '『성리대전』을 안동에서 구입하였다. 그 글을 보니 월천 선생이 일찍이 독서한 것이고, 퇴계 선생이 책의 제목을 쓰신 것이다. 매우 소중한 보물이다.'"라고 하며, 이 책을 '보물'이라고 그 가치를 단정할 정도였다. 지금도 종가에 잘 보존되어 있다.

2) 『반계수록』과의 인연

『반계수록』은 반계磻溪 류형원柳馨遠(1622-1673)이 통치 제도에 관한 개혁안을 저술한 것으로, 그의 실학적 개혁론을 집대성한 책으로 평가받고 있다. 실학이란 국가와 백성들이 실질적으로 도움을 받을 수 있는 사회 개혁적인 학문을 말한다. 이 책에서는 당대 여러 분야에서 개혁에 필요한 부분을 구체적으로 담고 있다. 특히 류형원은 토지 제도, 교육 문제, 관리 등용 문제에 대한 근본적인 개혁을 주장하였고, 훗날 농촌을 더욱 부유하게 하고 백성의 삶을 넉넉하게 해야 한다는 주장을 펼쳐 다산茶山 정약용丁若鏞 등 조선 후기 실학자들에게 영향을 주었다

『반계수록』의 저자 류형원은 뛰어난 학문적 소양으로 벼슬에 여러 번 추천되기도 하였으나, 과거와 벼슬을 단념하고 조상의 자취가 남아 있는 변산반도 기슭으로 이주하였다. 그때의 나이가 삼십 대 초반이었다. 이 무렵『반계수록』의 저술을 시작하여 1670년에 완성하였다. 그러나 책이 완성되고 3년 후에 세상을 떠나 이 책은 세상에 거의 알려지지 않은 채 그냥 묻힐 수도 있었다. 그러나 이 책을 세상에 알린 이가 두 명 있다. 한 사람은 만학당晩學堂 배상유裵尙瑜(1622–1686)이다. 류형원의 친구이자 사돈이었던 배상유는 반계 사후에『반계수록』을 필사해 두었다가 당대 남인南人의 거두였던 갈암 이현일 등에게 전해 주며 책의 간행과 책에 실린 내용을 정책에 반영해 줄 것을 건의하였다. 이후 배상유마저 세상을 떠나면서 필사본 몇 부만이 전해졌으나, 여전히 세상에 알려지지는 않았다. 그러나『반계수록』은 백불암의 교정에 의해 다시 세상에 드러날 수 있었다. 백불암이『반계수록』을 처음 본 것은 44세 때인 1748년이다. 류형원의 집안은 백불암 어머니의 진외가이다. 그렇기 때문에 서울에 살고 있던 류형원의 아들로부터 이 책을 빌려 볼 수 있었고, 그는 이 책의 가치와 중요성을 한눈에 알아보고 이를 필사하였다.

『반계수록』이 목판본으로 간행되어 세상에 알려진 것은 류형원에 의해 책이 완성된 지 100년이 지난 1770년이다. 영조는 경상도관찰사 겸 대구도호부사 이미李瀰에게 영남의 이름난 선비에게 교정을 맡겨 경상감영에서 간행할 것을 명령하였고, 관찰사는 지

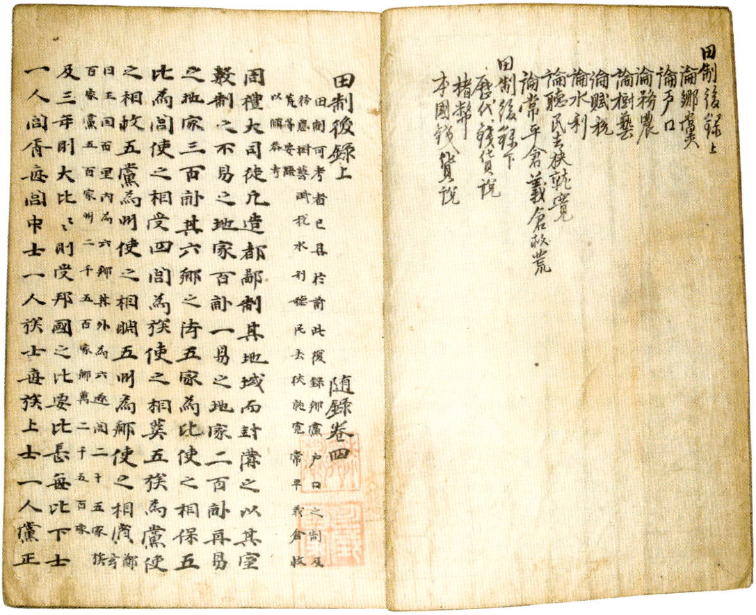

『반계수록』

역 사림들의 의견을 들어 지역에서 학식이 있기로 널리 알려진 백불암에게 교정을 부탁하였다. 처음에는 보본당報本堂에서 시작하였다. 보본당은 입향조의 제사를 모시기 위해 지은 사당인데, 이곳의 서쪽 방에서 교정을 시작하였다. 그러나 손님의 잦은 방문으로 교정 작업을 하는 데 방해가 되자 팔공산 동화사에 별도로 교정소를 마련하였다. 『반계수록』은 교정을 마친 후 1770년에 대구감영에서 간행되어 마침내 세상에 전해지게 되었다. 최흥원은 1783년 정조正祖의 명으로 경상감사였던 이병모李秉模를 통해 사서삼경 언해본을 각 한 질씩 내사內賜받았으며, 사서삼경뿐만 아니라 경상감영에서 간행된 『삼강행실도』, 『이륜행실도』 등도 비슷한 시기에 받은 것으로 보인다.

3) 부인동 향약 관련 자료

향약은 조선시대 향촌 사회의 자치적인 규약이다. 향약 제정의 근본적인 취지는 유교적인 예속을 보급하고 공동체적인 결속을 강화하는 데 있었다. 향약은 그 주체나 규모, 지역에 따라 향규鄕規, 동규洞規, 동약洞約 등과 같이 명칭도 달랐으며 세부적인 내용도 지역별로 다양하였다. 부인동 동약은 백불암이 35세 되던 해인 1739년에 만든 것으로, 기본적으로는 중국 『여씨향약呂氏鄕約』의 4가지 덕목인 덕업상권德業相勸, 과실상규過失相規, 예속상교禮俗相交, 환난상휼患難相恤의 정신을 따랐으며, 퇴계를 비롯한 여러 선현들의 절목節目을 참고하였다.

부인동 동약에는 선공고先公庫와 휼빈고恤貧庫도 설치되어 있었다. 선공고는 전세田稅를 담당하였고, 휼빈고는 진휼賑恤과 상장례의 부조를 담당하였다. 이를 통하여 백불암은 백성들의 가난과 곤궁을 해결하고자 하였고, 강사講舍를 두어 사회 풍속을 교화시켰다. 그는 하인들에게도 몸 상태를 수시로 확인하면서 불편한 곳은 없는지, 끼니는 굶지 않고 잘 챙겨 먹는지 세심히 물어보았다. 부인동 향약의 성공으로 정조正祖는 이를 특별히 칭송하는 전교傳敎를 내렸다. 전해지는 「정종대왕 전교」는 4면을 차지하며 금니로 필사한 것이다.

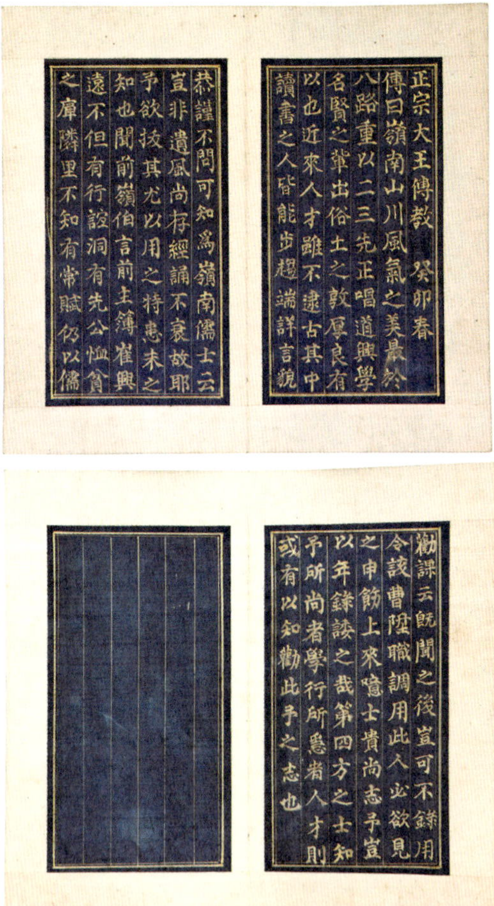
正宗大王傳教 癸卯春
傳曰嶺南山川風氣之美最於
八路重以二三先正唱道興學
名賢之輩出俗土之敦厚良有
以也近來人才雖不逮古其中
讀書之人皆能步趨端詳言貌
恭謹不問可知爲嶺南儒士云
豈非遺風尚存經誦不衰故耶
予欲拔其尤以用之特患未之
知也聞前嶺伯言前主簿崔興
遠不但有行誼洞有先公恤貧
之庫隣里不知有常賑仍以儒
勸課云旣聞之後豈可不錄用
令該曹陞職調用此人必欲見
之申飭上來噫士貴尚志予豈
以年錄諉之哉第四方之士知
予所尚者學行所患者人才則
或有以知勸此予之志也

「정종대왕 전교」

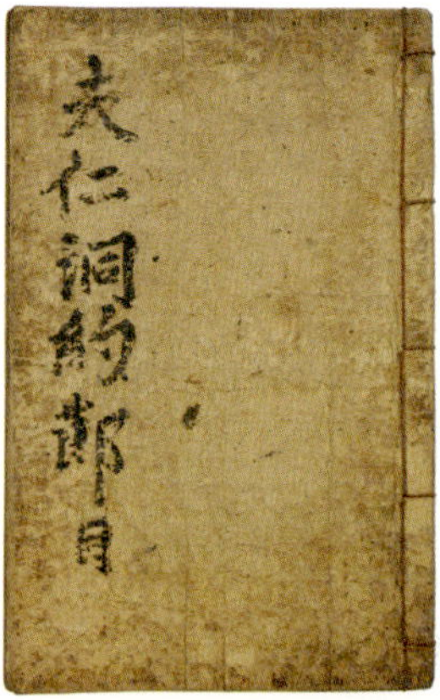
夫仁洞約節目

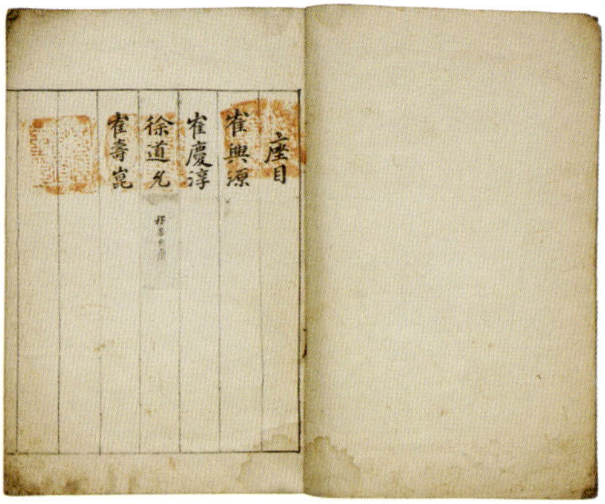
座目
崔興源
崔慶淳
徐道允
崔壽崑

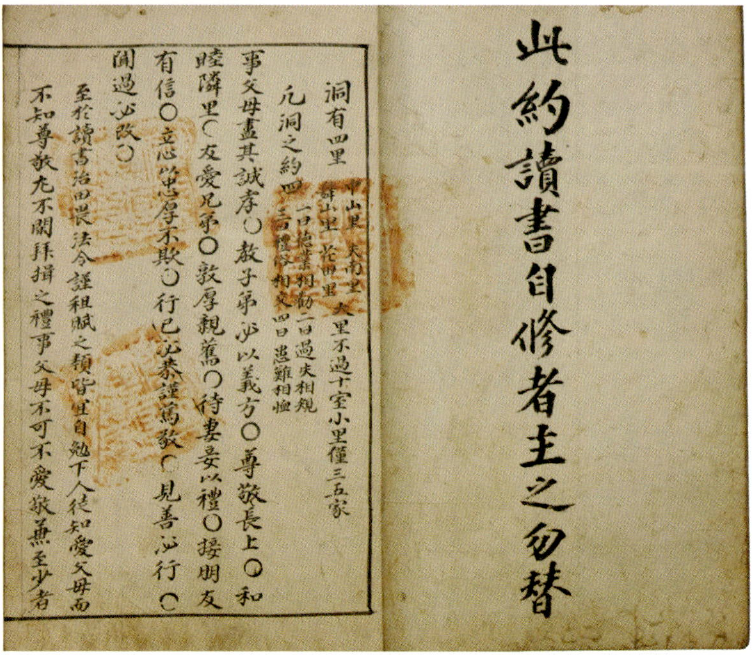
洞有四里
凡洞之約四
事父母盡其誠孝○敎子弟必以義方○尊敬長上○和
睦隣里○友愛兄弟○敦厚親舊○待妻妾以禮○接朋友
有信○立心忠厚不欺○行己必恭謹篤敬○見善必行○
聞過必改○
至於讀書治田畏法令謹租賦之類皆宜自勉下人徒知愛父母而
不知尊敬尤不閑拜揖之禮事父母不可不愛敬兼至少者
此約讀書自修者主之勿替

「부인동약좌목」

기타 부인동 향약과 관련된 자료로는 부인동의 연혁과 향약에 대해 기록한 『부인동지夫仁洞誌』, 부인동 강당기가 수록된 『부인동약절목夫仁洞約節日』, 동계 최주진과 최수원 등 부인동 향약의 좌목이 기록된 『부인동약좌목夫仁洞約座目』, 「부인동동약공전비夫仁洞約公田碑」, 『부인동선공휼빈고전답안夫仁洞先公恤貧庫田畓案』 등의 필사본이 남아 있다.

4) 『선무원종공신녹권宣武原從功臣錄券』

공신녹권功臣錄券은 국가에 큰 공이 있는 신하에게 임금의 명에 따라 내려진 증서이다. 임진왜란 이후에는 공신도감功臣都監에서 제작한 활자인 공신도감 목활자로 공신녹권을 찍어 냈다. 『선무원종공신녹권』은 임진왜란 때 큰 공을 세워 선무원종공신宣武原從功臣으로 책훈된 인물들에게 발급한 녹권이다. 1604년 18명을 선무공신宣武功臣으로 책봉하였고, 이듬해인 1605년 10월에 임진왜란 당시 왜적을 물리치는 데 공을 세웠으나 선무공신에 들지 못한 인물을 선무원종공신으로 책봉하였다.

이 책에 수록되어 있는 최계崔誡(1567–1622)는 옻골 입향조인 최동집의 부친이다. 그는 1591년 무과에 급제하여 임진왜란 당시 의병장으로 대구에서 망우당忘憂堂 곽재우郭再祐 등과 세를 규합하여 왜적을 물리치는 데 큰 공을 세웠다. 학봉 김성일의 요청으로 주부主簿로 승진한 후에는 의주義州로 가서 왕을 모시게 되었

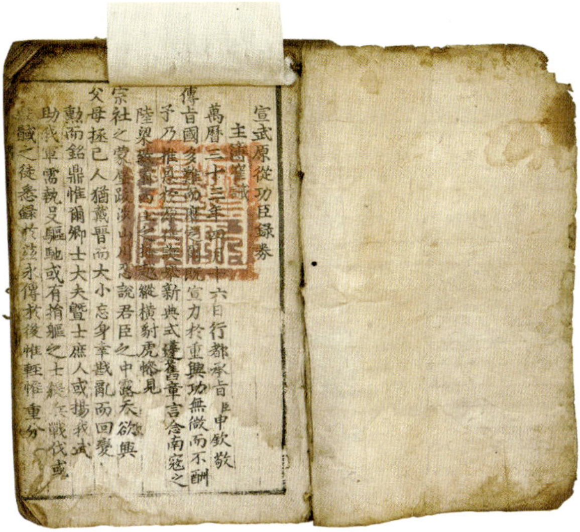

『선무원종공신녹권』

으며, 왕의 행차가 환도할 때에도 적을 물리치는 데 공을 세웠다. 이후 일본에 사신으로 다녀왔으며, 만경현령으로 부임하면서 많은 치적을 올렸으나 광해군 시기에 대북파의 횡포가 심해지자 과감히 벼슬을 버리고 낙향하여 선영 아래에 집을 짓고 은거하였다. 최계는 임진왜란 때의 공로를 인정받아 선무원종공신으로 책훈되었고, 이 책을 내사받았다.

임진왜란 당시 최계뿐만 아니라 최인崔認, 최동보崔東輔 등 세 숙질이 함께 공을 세웠기에 1812년에 관찰사의 장계狀啓로 세 사람 모두 증직되었다. 대구시 지묘동 삼충사三忠祠에서 최계를 배향해 오다가 1812년 증직 이후부터는 세 사람을 함께 배향하고 있다.

5)『사문문집간역기사師門文集刊役記事』, 문집 간행의 일상들

『사문문집간역기사』는 『백불암선생문집』을 간행할 때의 과정과 여러 내용을 수록한 책이다. 문집 간행의 과정과 참여 인물, 비용 등 조선 말기 문집 간행의 준비와 진행 상황을 알 수 있는 중요한 정보가 들어 있다. 『백불암선생문집』은 14권 7책의 목판본으로 간행되었다. 간행 시기는 대략 1816년경으로 추정하고 있다. 그 이유는 백불암의 증손 최효술이 문집 간행을 종가의 사당에 알리는 고유문인 「증왕고문집간역후가묘고문曾王考文集刊役後家廟告文」에서 저자가 별세한 후 30년이 지나 문집을 간행하였다고 밝혔기 때문이다. 또한 『사문문집간역기사』에는 1814년 8월부터 일기가 시작되어 1815년에 일기가 끝났으므로 그 이후에 간행을 마친 것으로 보인다. 이때 성주의 수도산에서 나무를 벌목하여 해인사 각수가 판각에 참여하였다.

『사문문집간역기사』에는 최흥벽의 아들인 최정진崔廷鎭이 1815년 1월 말에 문집의 간행 배경과 간행 과정 등을 언급하였으며, 이에 문집 간행 작업에 참여했던 임원진, 실무진들이 열거되어 있다. 「동문계임사同門稧任司」에는 문집 간행의 제반 비용을 준비한 동문계同門稧의 실무를 책임진 도청都廳과 유사有司 명단이 기록되어 있으며, 이어 「간역소임사刊役所任司」에는 간역소에서 임무를 책임지면서 담당한 사람들의 명단이 있는데, 도검都檢, 벌판伐板, 운판運板, 교정校正, 감인監印 등이 기록되어 있다. 또한 「간역소

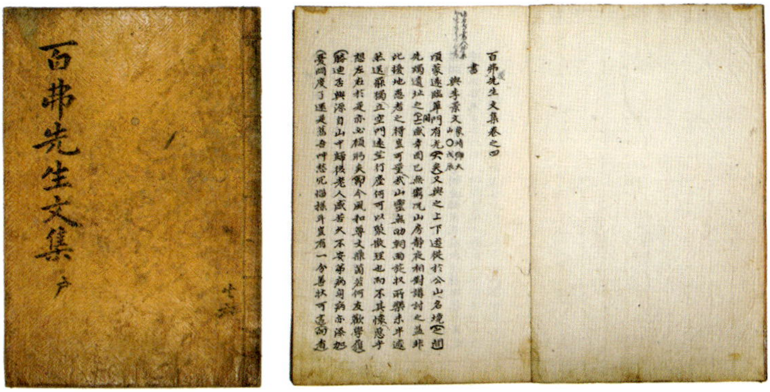

『백불암집』 교정본

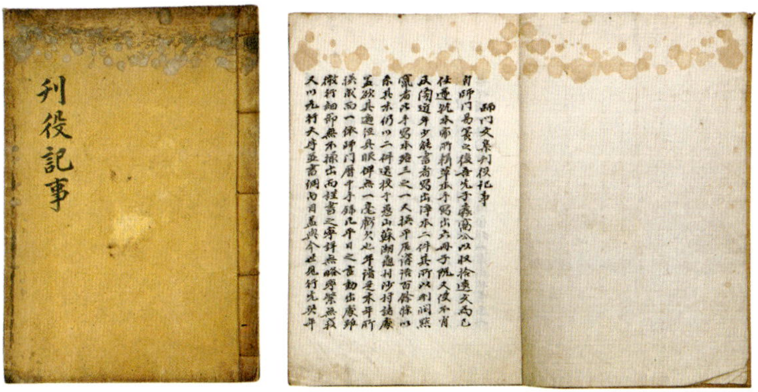

『사문문집간역기사』

도기刊役所到記」에는 1814년 8월부터 간역소에 방문한 인물 38명의 명단이 기록되어 있는데, 이 중 고령 지역 거주자들이 19명으로 가장 많다. 간역소가 고령에 소재한 봉천서당이었기 때문이다.

「각수파정刻手把定」에는 도각수都刻手 이하 공사원公私員, 장무

掌務, 조사曹司, 수두首頭, 목수木手, 책공冊工, 취반炊飯 담당 등의 명단이 기록되어 있다. 해인사 사찰 각수가 많이 참여하였으며 대구 동화사 사찰 각수도 1명 참여하였다. 이 중 판각 작업 시 음식을 담당하는 임무인 취반은 해인사 각수 1명과 서당(봉천서당)의 고지기[庫直]가 맡은 것이 특이하다. 이어 「간역소하기刊役所下記」에 문집 간행 시에 받은 부조금이 모두 806냥 8전 7푼이었다고 기록되어 있다.

「同門稧任司」

都 廳　趙宅奎, 李祥發(의성)

有 司　蔡必勳, 崔奎鎭, 郭柱基, 崔孝述

「刊役所任司」

都 檢　李光理(성주)

伐 板　鄭夢說(합천)

運 板　文光瓚(합천)

校 正　李鍊(칠곡), 鄭奎錫(성주), 金相度(고령), 李仲樑(초계)

監 印　朴基復, 李深, 朴慶家(고령)

司 貨　李會運(칠곡)

「刊役所到記」

吳慶人(고령), 郭漢綏(고령), 郭鎭奎(고령), 吳應雲(고령), 金光運(고령), 金祺壽(선산), 郭墊(고령), 吳道福(고령), 郭思翰(고령), 郭之翰(고령), 郭鎭斗(고령), 張渲(인동), 文周鳳(합천), 姜馥(진주), 洪升雨(칠곡), 吳慶鼎(고령), 李仲樑(초계), 郭磺(고령), 朴慶家(고령), 吳慶元(고령), 吳應瑀(고령), 盧國賓(초계),

全宅溟(초계), 朴善益(고령), 李鍍(칠곡), 鄭奎錫(성주), 金敬喆(고령), 文演溥(합천), 鄭敬勳(성주), 朴慶九(고령), 黃磻老(상주), 金相洛(고령), 張奎魯(인동), 文光瓚(합천), 金相度(고령), 安孝準(밀양), 安孝誾(밀양), 李銶(칠곡)

「刻手把定」

都刻手 寺剎刻手 頓慧(해인사)

公私員 金興采(대구)

掌 務 寺剎刻手 碩沾(해인사)

曹 司 寺剎刻手 達信(해인사)

首 頭

張慶運(거창), 李宜植(창녕), 方德成(거창), 韓宅守(대구), 寺剎刻手 坦澄(해인사), 李興植(합천), 吳尚得(거창), 寺剎刻手 達熙(해인사), 寺剎刻手 有榮(용기사), 寺剎刻手 戒沾(해인사), 朴勝百(합천), 寺剎刻手 定印(해인사), 金宗一(대구), 裵正玉(성주), 朴萬儀(거창), 朴台觀(대구), 寺剎刻手 允性(해인사), 金昌祿(대구), 韓繼千(대구), 寺剎刻手 肯令(동화사)

木 手 金日孫(합천)

冊 工 金根(대구), 李龍(대구)

炊 飯 寺剎刻手 戒寬(해인사), 奴 允發(書堂 庫直)

6) 교지, 관직에 제수되다

고문서 중 교지와 교첩류는 전체 40여 점이 전해지고 있다. 교지는 국왕이 관직이나 관작, 시호 등을 내려 줄 때 작성한 문서이다. 교지는 유형에 따라 다양하게 쓰였는데 관료에게 관작과 관직을 내리는 것은 고신告身, 문과 급제자에게 내리는 것은 홍패紅牌, 생원진사시 합격자에게 내리는 것은 백패白牌, 후손이 높

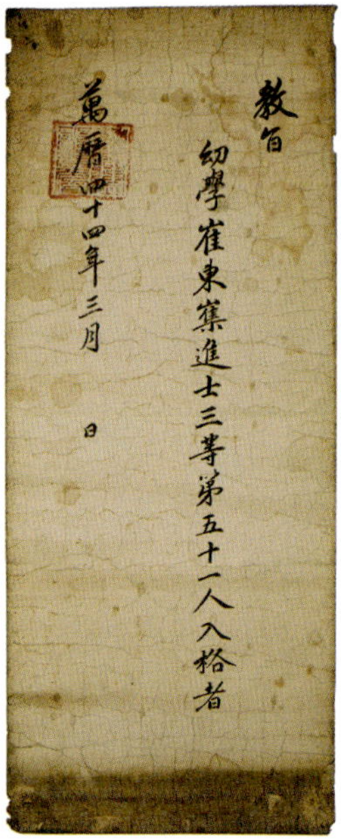

教旨

幼學崔東集進士三等第五十一人入格者

萬曆四十四年三月　日

최동집의 백패

은 관직을 받게 되면 선대에게 관작을 높여 주는 것은 추증교지追贈教旨라 한다. 또한 고신은 4품 이상 고신과 5품 이하 고신으로 나누어지는데, 4품 이상은 대간의 서경署經(사헌부司憲府와 사간원司諫院에게 서명署名으로 동의를 구함) 없이 왕명으로 발급하여 관교官教라 하였고, 5품 이하는 대간의 서경을 거쳐 이조와 병조에서 왕명을 받들어 발급하였는데 이를 교첩教牒이라 하였다.

백불암종가에 전해지는 교지 중 가장 빠른 시기의 것은 최동집이 1616년 3월 진사시 3등 제51인에 합격하여 성균관에 입학한 백패白牌이다.

이후 최동집이 받은 교지는 1619년에 발급받은 고신 등 8종이 전한다.

대암 최동집의 교지

1616년	3月	進士試 3等 第51人
1619년	1月	生員崔東集 從仕郎
1619년	1月 29日	從仕郎崔東集 通仕郎
1619년	1月	崔東集 通仕郎
1619년	11月	通仕郎崔東集 務功郎
1619년	11月 7日	宣敎郎
1620년	2月 日	承議郎
1630년	6月 6日	果毅校尉行虎賁尉司正
1639년	8月 13日	通德郎行長陵參奉

한편, 백불암은 조정으로부터 수차례 벼슬을 권유받았으나 끝내 벼슬길에 나아가지 않았다. 백불암이 제수받은 교지를 살펴보면, 그가 65세 되던 해인 1769년 1월에 장사랑將仕郎으로 제수된 것이 가장 이른 시기의 것이며, 이후 장릉참봉莊陵參奉, 동몽교관童蒙敎官, 공조좌랑工曹佐郎 등을 연이어 제수받은 것이 전해지고 있다.

그의 사후 1790년 1월 29일에는 통정대부승정원좌승지겸경연참찬관通政大夫承政院左承旨兼經筵參贊官으로 증직되는 추증교지를 받았으며, 이때 그의 처 손씨孫氏도 숙부인으로 함께 증직되었다.

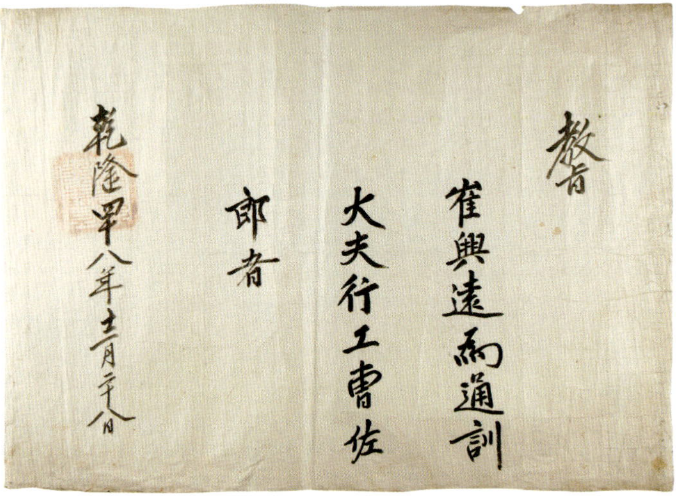
教旨
崔興遠爲通訓
大夫行工曹佐
郎者
乾隆四十八年十二月二十八日

최흥원의 교지

백불암 최흥원의 교지

1769년	1月	日	將仕郎
1778년	7月		將仕郎莊陵參奉
1778년	12月	10日	童蒙教官
1782년	8月	7日	宣教郎掌樂院主簿
1783년	12月	28日	通訓大夫行工曹佐郎
1784년			禦侮將軍行翊衛司翊贊
1786년			通政大夫
1790년	1月	29日	通政大夫承政院左承旨兼經筵參贊官

7) 분재기, 재산을 분배하다

분재기分財記는 주로 부모가 자녀들에게 재산을 분배하면서

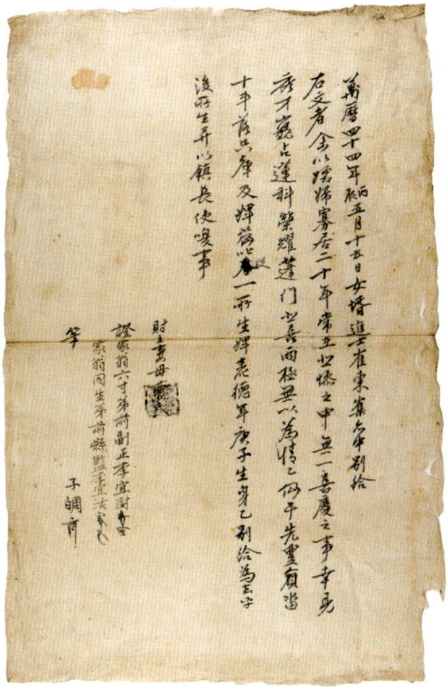

최동집 진사시 별급문기

후대에 증거로 삼기 위해 작성한 문서이다. 재산을 분배하는 방식과 종류에 따라 화회문기和會文記, 분급문기分給文記, 별급문기別給文記, 허여문기許與文記 등 여러 종류가 있다. 화회문기는 재산의 주인이 죽은 후 형제자매 등이 한자리에 모여 가족 간 합의하에 재산을 분배하며 작성한 문서이고, 별급문기는 과거 급제 등의 경사나 지극한 효도 등의 고마운 일 때문에 재산을 특별히 분배할 때 작성한 문서이다. 분급문기는 재산의 주인이 살아 있을 때 자녀들에게 재산을 나누어 주며 작성한 문서로, 한 부만 작성하는 것이 보통이다.

백불암종가 소장 분재기는 40여 종이 전해지며, 17세기에서 18세기 사이에 작성한 것이 많이 남아 있다. 가장 이른 시기의 분재기는 1580년대에 작성한 것으로, 재산의 주인인 최종옥이 사위와 셋째 아들의 자녀들에게 재산을 나누어 주며 작성한 것이다. 최종옥은 최계의 부친이다. 그의 셋째 아들이 최계이며, 최계의 아들이 최동집이다. 그러므로 이 분재기는 할아버지가 최계의 아들인 최동집의 형제들에게 재산을 나누어 준 기록인 셈이다.

기타 1616년에 옻골 입향조인 최동집이 진사시進士試에 합격하여 장모로부터 논 10마지기와 노비를 받은 별급문기가 전해지고 있다.

8) 인장印章, 주인의 상징들

인장은 총 39점이 전해지고 있다. 대표적인 것으로 '동천서당東川書堂', '수구당장數咎堂藏', '영주물체永主勿替', '경주최씨시교慶州崔氏旹敎' 등이 있다.

동천서당은 백불암을 배향하기 위해 1820년에 건립하였으나, 그로부터 50여 년 후 흥선대원군의 서원철폐령으로 훼철되었다. 이후 남은 건물은 현재의 대구시 수성구 만촌동으로 이건하였고 1905년 종택의 사랑채를 지을 때 재료로 사용하기도 하였다. '수구당'은 최흥원의 첫 번째 호인 수구암數咎庵과 관련이 있으며, 현재 종택 사랑채의 대청마루 안에 현판이 게판되어 있다. 수구당

동천서당 인장

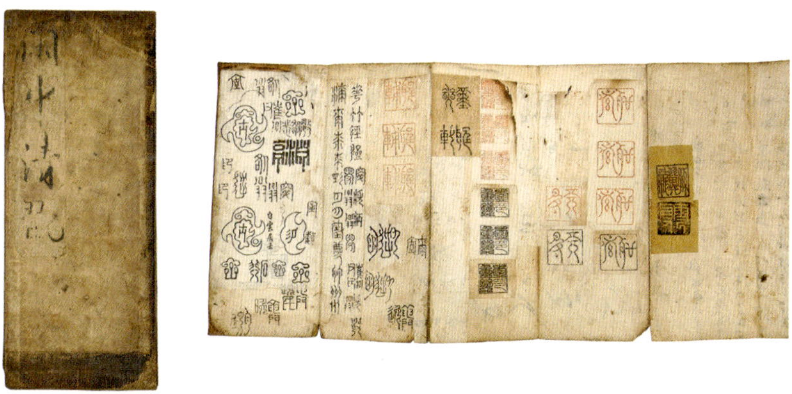

『한중청완』

은 강학의 공간이었을 뿐만 아니라, 전해지는 책들을 보관하는 서고의 기능도 함께 갖추고 있었다.

'영주물체永主勿替'는 '소중히 오랫동안 잘 보존하라'는 뜻이다. 종가에 남아 있는 조상으로부터 물려받은 유산들을 함부로

다루지 말며, 반드시 소중히 보관하여 달라는 종손 내지는 후손의 책임감을 상기시키고자 새긴 것으로 여겨진다. 정확한 시기와 누가 사용했는지는 확인할 수 없다. '경주최씨시교'는 백불암의 5대손인 최시교崔旹敎의 도장이다. 이러한 여러 종류의 인장을 찍어 책으로도 엮었는데, 책의 제목이 '한중청완閑中淸翫'이다.

9) 8대의 호패戶牌가 전해지다

호패는 신분이나 거주지 등의 인적 사항을 담고 있어 현대의 주민등록증과 같은 성격을 지닌다고 할 수 있다. 조선시대에는 16세 이상의 남성이라면 반드시 몸에 호패를 차고 다녀야 했다.

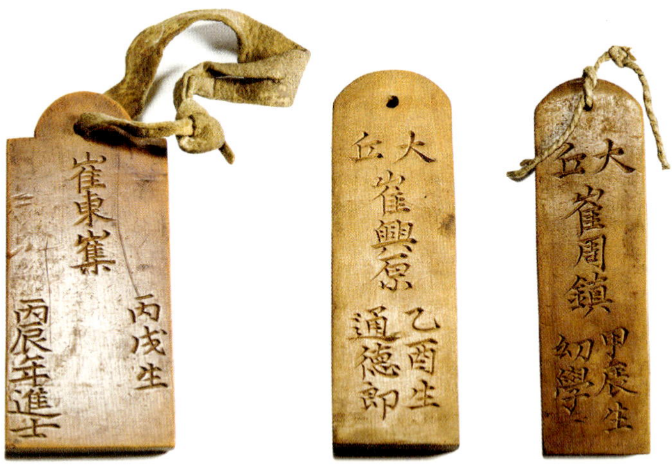

백불암 3대의 호패

백불암종가에는 옻골 입향조인 최동집崔東集을 비롯하여 최흥원崔興遠의 통덕랑 호패, 최주진崔周鎭, 최식崔湜, 최효술崔孝述, 최시교崔峕敎, 최종진崔鍾震, 최운적崔雲迪 등의 호패가 전해지고 있다.

한 가문에 8대 250여 년에 걸친 호패가 이렇게 고스란히 남아 있는 것은 매우 드문 사례로 볼 수 있다. 호패의 가장 위에는 작은 구멍을 뚫어 몸에 찰 수 있는 끈을 엮을 수 있게 하였으며, 그 아래 거주지와 성명이 새겨져 있다. 하단의 오른쪽에는 생년의 간지, 하단의 왼쪽에는 벼슬 및 신분 등이 적혀 있다.

10) '경敬' 자 패, 경敬을 실천하다

백불암은 평생 동안 자신을 모든 면에서 부족한 사람으로 낮추며 항상 겸손한 자세로 살아갔다. 환갑 때 스스로 지은 호인 '백불百弗'은 주희朱熹의 "백 가지를 알지 못하고 백 가지에 능하지 못하다.[百弗知百弗能]"에서 따온 것으로, 최흥원의 평소 마음가짐을 보여 준다. 『백불암언행록』에 따르면 그는 오직 '경敬'에 힘써서 마음을 엄숙하고 정숙한 데 두고 그 이치를 인륜의 상도常道에서 찾았다고 한다.

그의 겸손한 삶은 '경'을 실천하기 위한 노력에서도 드러난다. 머무는 곳마다 '경' 자를 크게 써 놓음으로써 본인은 물론 자식들이 항상 경계하고 반성하는 수단으로 삼게 하였다. 후에 나무에 새긴 '경' 자 패를 방에 걸어 두고 정신 수양의 도구로 삼고자

'경敬' 자 패

하였다. 별세하기 하루 전에는 '경' 자 패 위에 옷이 걸린 모습을 보고 손으로 가리키면서 옷을 치우라고 한 뒤 한동안 계속 바라보았다고 한다. '경'은 수백 년 동안 종가의 가훈으로 이어져 내려오고 있다.

3 『역중일기曆中日記』와 백불암의 일상

『역중일기』는 백불암이 1727년부터 1786년 하세 시까지 기록한 약 60년간의 생활일기이다. 그러나 본문은 1735년부터 시작하여 실제 남아 있는 것은 50년 동안의 기록이며, 이 자료는 경주최씨칠계파종중慶州崔氏漆溪派宗中에서 4책으로 영인·출간하였다. 『역중일기』에는 하루의 간지와 일기 상태를 비롯하여 농사 형편, 교유 관계, 유람 일정, 질병과 이에 대처하는 자세, 사회적 모순과 부조리에 대한 반성적 표출, 부인동 동약, 종중의 대소사 등 조선시대 사대부의 일상사가 사실적으로 기록되어 있다.

1) 작성 배경과 내력

백불암의 가계는 문무文武를 가지고 따질 때 문보다 무의 가풍이 강했던 것으로 보이며, 그는 일찍부터 부친의 내락을 얻어 과거를 단념하고 농사農事로 문호門户를 세우려 했던 것 같다. 그는 은거를 통해 숭조崇祖, 목인睦婣, 임휼任恤 등 궁행실천적인 사대부의 삶을 추구하고, 보본재報本齋 및 구회당九會堂 건립, 농연정聾淵亭 재건 등 가문의 결속을 위해 노력하였다.

백불암은 저술을 많이 남기지 않았는데, 이는 현전하는『백불암선생문집』에 남아 있는 작품이 시 58수, 잡저 13편, 기타 축문祝文·제문祭文·비갈碑碣·행장行狀 등 32편에 불과하다는 사실을 통해 알 수 있다. 이처럼 그가 저술을 남기지 않으려고 노력했던 자세에 대해 순암順庵 안정복安鼎福(1712-1791)은 다음과 같이 술회하였다.

> 공은 주자朱子가 말한 "백 가지를 알지 못하고 백 가지에 능하지 못하다.[百弗知百弗能]"라는 말을 취하여 택호를 '백불암百弗庵'이라 하였다. 평소에 스스로 문장에 능하지 못하다고 하여 저술을 하지 않았고, 또한 일찍이 주해註解하는 글을 쓰지 않으며 말하기를, "내가 보건대, 세상 사람들이 조금 아는 바가 있으면 문득 말을 기록하여 남기고자 하니, 이것은 스스로 속이는 동시에 남을 속이는 것에 가깝지 않겠는가."라고 하였다.[公取朱子百弗知百弗能之語 名其庵曰百弗 平生自以短於文詞 不著述 亦未嘗註解文字曰 吾觀世人少有所見 輒欲立言 是不幾於自誣而誣人乎]
>
> 『順庵集』卷24,「通政大夫贈左承旨行禦侮將軍世子翊衛司翊贊百弗庵崔公墓誌銘 並序○辛亥」

인용문을 통해 백불암은 저술에 대해 부정적 시각을 가졌고, 자신을 드러내려고 하지 않은 겸양의 태도를 견지했음을 엿볼 수 있다. 문장의 화려한 수식修飾 배격, 과거 공부에만 몰두하는 학문 태도 비판, 자저趑趄와 천취遷就를 위한 제술製述을 허여하지 않음 등을 통해 보면 그의 학문관은 사장詞章보다 치지致知와 역행力行을 강조한다고 볼 수 있다. 이와 같은 태도를 지녔던 그가 4책의 방대한 『역중일기』를 남긴 것은 일견 모순적으로 보일 수도 있다. 그가 『역중일기』를 저술하게 된 동기는 서문을 통해 그 개략을 엿볼 수 있다.

> 평생 모은 역서曆書는 정미년(1727)부터 약간 권으로 총괄하였으며, 정사년(1737)에 이르러 비로소 일록이 있었으니, 그 이전에는 일록이 없었음을 알 수 있다. 특별히 을묘년(1735)에 아버님 상을 당한 때부터 비록 날마다 기록하지는 않았지만 시탕侍湯하면서 의원을 초빙하고 약을 쓴 절차를 기록한 것은 매우 상세하다. 그러므로 지금 원본을 옮겨 베낀 것은 이해부터 시작하며, 매일 기록하여 일록으로 완성한 것은 정사년(1737)부터 시작된다.
> [平生所輯曆書 始自丁未 總若干卷 而至丁巳 始有日錄 以前無錄 可考 特於乙卯 遭外艱 雖無逐日所錄 而侍湯中邀醫用藥之節 記之甚詳 故今謄出 始自是年 至於逐日成錄 自丁巳始]
>
> 『曆中日記』

『역중일기』 서문은 본문보다 4칸 정도 아래부터 기록되어 있는데, 그 인용문을 통해 두 가지 사실을 짐작해 볼 수 있다. 첫째, 그가 일기를 작성하기 시작한 해는 정확하게 알 수 없으며, 그의 나이 23세 되던 1727년부터 책의 형태로 엮었던 것으로 보인다. 여기서 유의할 점은 인용문에서도 밝혔듯이, 현전하는 일기는 1735년부터 시작되며, 1737년까지는 매일의 기록이 아니라는 사실이다. 둘째, 일기는 그가 작성했지만, 후대에 이르러 새로 등사謄寫하였고, 지금 전하는 것도 이 등사본謄寫本이라는 점이다. 일반적으로 일기는 그 성격에 따라 다양한 목적으로 기록한다. 특히 생활일기는 자신을 돌아보고 소소한 일상을 소중히 간직하기 위해 기록하는 것으로 보아도 무리가 없을 것이다. 한편 『역중일기』에는 본문에서도 그가 일록日錄을 남긴 이유를 넌지시 비추는 대목이 산견되는데, 몇 가지 예문을 통해 확인해 보도록 한다.

① 초종初終에 심의深衣는 황학동黃鶴洞 처사處士 이춘식李春植이 제작한 것이고, 관판棺板은 법흥사가法興査家의 도움을 받아 34냥을 주고 안동安東에서 매입해 왔고, 곽재槨材와 두 판자는 모두 전적으로 경주사가慶州査家의 도움을 받아 23냥을 주고 입암立巖에서 사 왔다. 관을 만든 목수는 허기만許起萬이고 신주神主·삽도翣韜는 도서방都書房 취은就殷이 만들었고, 곽은 또 허기만이 손수 제작하였다. 관은 두께가 3촌이고, 길이가 1장 1척 7촌이며, 넓이가 2척 1촌이며, 높이는 2척이 조금 넘는다. 관에 칠한 옻은 1되 2합으로 입석立石에 사는 옻칠장이가 칠했다. 이렇게 세세하게 적은 까닭은 기록하여 잊지 않기 위해서다. [初終用深衣 黃鶴洞李處士春植所製 棺板賴法興查家 用力以三十四兩價 買來於花邑 槨材幷二板者 賴慶州查家 十分勤力 二十三兩 買來於立巖地 而造棺木手許起萬 造主與翣韜者 都書房就殷 造槨亦起萬手也 棺厚三寸 長一丈一尺七寸 廣二尺一寸 高二尺强 漆棺以一升二合爲之 而立石居漆漢之所漆也 蓋欲記之以圖不忘]

『曆中日記』, 1735年 5月 16日 記事

② 류상일柳相一이 찾아와서 대바위에 올라가 아래쪽의 와혈窩穴을 보고

"가히 쓸 만하다. 임좌병향任坐丙向이면 하늘과 땅의 기운이 합치되므로 장군대좌형將軍大坐形과 부합한다."라고 하니, 이에 기록하여 훗날 정말 그런지 살피기로 했다.[柳生相一來訪 登看臺巖下窩穴云 似若可用 任坐丙向 爲天地交泰 似合將軍大坐形 茲識之以觀後驗]

『曆中日記』, 1741年 11月 5日 記事

③ 우리 아이들은 큰 탈이 없지만, 꾸지람을 하면 아이들은 때때로 순하게 받아들이지 않고 말이 공손하지 않을 때가 있어 다른 사람들이 깜짝 놀라는 경우가 있는데, 돌이켜 반성해 보면 그 허물이 나에게 있다. 정자程子는 "옛날에는 자제들이 부형을 따랐으나 요사이는 부형이 자제를 따른다."라고 한탄하였으니, 이 말을 가슴에 새겨야만 집안을 보존하겠기에 기록해서 관성觀省의 자료로 삼는다.[余於子弟多安 加言責 子弟往往不順受 至有辭氣不遜 駭人親聽 反而思之 其咎在余 程子不云乎 古者子弟從父兄 今也父兄從子弟 惟服膺此誨 庶幾保家 茲識之以資觀省]

『曆中日記』, 1745年 7月 8日 記事

인용문 ①-③을 통해 최흥원이 『역중일기』를 작성하게 된 까닭을 크게 세 가지로 정리해 볼 수 있다. 먼저, 일록日錄이나 지志의 일반적인 작성 이유와 궤를 같이하는 '대불망對不忘'을 위해서다. 다만 인용문 ①은 심의深衣와 관곽棺槨 등 당시의 장례 풍습을 자세하게 기록하고 있어 작자의 불망不忘은 물론, 후대의 독자들이 18세기 대구 지역의 장례 문화를 고찰할 수 있다. 다음으로는 당시에 벌어진 사소한 사건을 후대에 검증하기 위해서이다. 이는 다소 신변잡기적 성격을 띠고 있지만, 일기를 작성한 목적 중의 하나이다. 또 다른 하나는, 세태를 비판하며 잠언箴言이 되는 말을 기록하여 수양修養을 위한 자료로 삼기 위함이다.

그러므로 그가 『역중일기』를 작성하게 된 배경에는 기상 이변 등 일상적이지 않은 자연 현상 기록, 꼼꼼한 기록벽, 정확한 자료와의 대조를 위함, 경계나 교훈이 될 만한 내용을 기록하여 자신과 후손들에게 가르침이 되게 하려는 목적 등이 내재되어 있다.

2) 구성構成과 주요 기사記事

『역중일기』는 표제에서도 알 수 있듯이 기록자가 책력冊曆의 빈칸과 이면裏面에 쓴 것으로, 한 면이 대략 14행이며 1행은 42–43자로 구성되어 있다. 본문에서 1735년부터 1736년까지는 그해의 간지를 기록하고 월일月日의 구분 없이 중요한 사건을 중심으로 기록하였다. 1737년부터는 그해의 간지를 기록하고 한 칸을 띄워 월일을 기록하였다. 월일을 분명하게 구분하기 위하여 각 월일에 동그라미(○)로 표시하고, 해가 바뀔 경우에는 새로 단락을 바꾸어 기록하였다. 영인본 『역중일기』 4책의 전체 구성은 다음과 같다.

『역중일기』의 구성

책수	기간	나이	면수
1책(卷之一)	1735년(乙卯)–1746년(丙寅)	31세–42세(12년)	325면
2책(卷之二)	1747년(丁卯)–1755년(乙亥)	43세–51세(9년)	232면
3책(卷之三)	1756년(丙子)–1764년(甲申)	52세–60세(9년)	306면
4책(卷之四)	1765년(乙酉)–1786년(丙午)	61세–82세(22년)	180면
소계		52년	1,043면

표를 통해 정리한 『역중일기』의 전체 구성을 보면, 기록한 햇수에 비해 분량이 그리 많지 않은 편이다. 1773년부터 축일逐日 형태에서 기록이 없는 날이 많은데, 이는 백불암의 노환이 그 원인이 아닐까 추측해 볼 수 있다. 『역중일기』는 각 책의 첫머리에 '백불암선생역중일기권지이百弗庵先生曆中日記卷之二'처럼 권차가 표시되어 있으며, 이 권차는 등사 초기부터 정해진 것으로 짐작해 볼 수 있다.

『역중일기』의 책별 주요 기사를 정리해 보기로 한다. 먼저 1735년부터 1746년까지 기록한 첫 번째 1책은 부친 통덕공의 초상(1735년 7월), 부인동에서 향약 실시(1739년), 부인 손씨 별세(1740년 4월), 전라도 광양에 유배 중인 김성탁金聖鐸 방문 및 진주 촉석루矗石樓 답사(같은 해), 안동 도산서원 참배 및 소호蘇湖에서 이상정을 만나 평생의 지기가 됨(1746년 9월) 등이 주요 기사들이다.

1747년부터 1755년까지 기록한 2책에서는 조선적曺善迪과 이상정李象靖이 방문하여 『심경心經』과 『대학大學』을 강론(1748년 1월), 부인동 농연聾淵에 북계정사北溪精舍 완성(1750년 2월), 조카 최사진崔思鎭·최상진崔相鎭을 이상정에게 보내 수학修學케 함(1751년 9월), 별묘 앞에 보본재報本齋 건립(1753년 8월), 부인동 농연에 농연정聾淵亭 완공(1755년 8월) 등이 있다.

1756년부터 1764년까지 기록한 3책에서는 가야산 유람과 『유산록遊山錄』 편찬(1757년 2월), 보본당報本堂에 의고義庫 설립(1760년 3월), 모부인 팔순 잔치(1761년 12월), 5대조 대암공臺巖公(최동집)의 문집 편찬(1763년 3월) 등이 주요 기사이다. 이러한 내용을 기초로 하면, 『역중일기』의 분책은 어느 정도 편찬자의 의도가 개입되었음을 짐작할 수 있다. 이는 기존 다른 선행 연구에서 백불암의 생애를 4기로 나누어 31세부터 40세까지를 2기인 가정활동기家庭活動期, 41세부터 60세까지를 3기인 사회활동기社會活動期, 61세 이후를 4기인 만년기晩年期로 파악한 것[1])을 통해서도 유추할 수 있다.

『역중일기』는 1735년 4월부터 기록이 시작되며, 부친의 위독한 상황을 급박하게 기술하고 있다. 이달의 기록을 보면, 그는 부친 곁에서 시중을 들면서 각종 약제를 올렸고, 4–5월에 쓴 약제만 해도 20종이 넘는다. 『역중일기』에는 환자의 증세에 따라 다양한 약제를 쓴 것으로 나오는데, 그중 몇 가지 사례를 살펴보기로 한다. 1735년 4월부터 7월까지 사용된 약제는 계지감초탕桂枝甘草湯을 비롯하여 시호궁하탕柴胡芎夏湯, 행기향소산行氣香蘇散, 소적정원산消積正元散, 생맥산生脈散, 가감오적산加減五積散, 지실이중탕枳實理中湯, 가감자진탕加減紫陳湯, 가감육군자탕加減六君子湯, 정기천향탕正氣天香湯, 목향파기산木香破氣散, 곽향정기산藿香正氣散, 정기천향탕正氣天香湯, 삼자양친탕三子養親湯, 온백원溫白元, 오자대간탕梧子大干湯 등이다. 『역중일기』에는 당시에 처방된 약제의 수량과 수차례 의원과 상의한 뒤 약제를 쓰는 모습이 잘 기록되어 있다.

셋째 제수弟嫂의 병에는 가미사물탕加味四物湯(1737년 6월 9일)을 썼으며, 자신의 열사병을 치료하기 위해서 청서육화탕清暑六化湯

과 청심원淸心元(1737년 7월 25일), 이사탕二四湯·감수산甘遂散(1760년 5월 2일)을 복용하였다. 부친의 병 구환과 상례를 치른 뒤 악화된 자신의 병을 치료하기 위해서 사물탕四物湯(1737년 윤9월 28일)과 보원탕保元湯(1747년 1월 1일), 간두탕干豆湯(1747년 2월 1일)을 복용한 기록이 보인다. 역병疫病을 예방하기 위해서 가미강활탕加味羌活湯(1756년 7월 5일)을 복용하였으며, 아들 주진周鎭을 치료하기 위해 청심보하탕淸心補下湯(1761년 8월 9일)을 복용토록 했다. 여자 종[婢]이 산병産病으로 위독해지자, 가미궁귀탕加味芎歸湯(1761년 11월 12일)과 궁귀후박탕芎歸厚朴湯(1762년 11월 13일)을 구해 왔다. 이 밖에 육군청격탕六君淸膈湯, 계지사양탕桂枝四逆湯, 가미조중탕加味調中湯, 감두탕甘豆湯, 사육귀수탕四六歸鬚湯, 계삼안비탕桂蔘安臂湯, 강귤탕薑橘湯, 생석수어탕生石水魚湯, 자평탕紫平湯 여성환如聖丸, 자평탕紫平湯, 지괄온중탕枳苦溫中湯, 향사이진탕香砂二陳湯, 익원산益元散, 진사익원산辰砂益元散, 불수산佛手散, 평위산平胃散, 인삼평위산人蔘平胃散, 가미화해加味和解, 가미이향산加味二香散, 이향산二香散, 육일산六一散, 원일산元一散 등 질병에 따른 처방 및 약제가 수록되어 있다.

『역중일기』에 수록된 내용 중 두 번째로 주목할 소재는 서책書冊 관련 기사이다. 백불암의 학문은 『대학大學』, 『논어論語』, 『맹자孟子』, 『중용中庸』, 『서전書傳』, 『주역周易』 등 경전을 바탕으로 하여 『심경心經』, 『근사록近思錄』, 『태극도설太極圖說』, 『이정전서二程全書』, 『주자서절요朱子書節要』 등 거경궁리居敬窮理와 극기존성克己存誠의 심학心學 중심이었다. 「연보」를 통해 그가 30세에 『심경』, 39세에

『성리대전』, 41세에 『연평문답延平問答』과 『면재집勉齋集』을 읽은 사실을 확인할 수 있다. 흥미로운 사실은 「연보」나 선행 연구를 통해 알려진 것 이외에도 그가 타인에게 빌려 오거나, 의뢰를 받아 교정·검수한 책이 『역중일기』에 상당수 등장한다는 점이다. 그중 몇 가지만 살펴보기로 한다.

① 만일萬日이가 돌아올 때 위선爲先 때문에 『열성지列聖志』 4권을 빌려 왔다. [萬日還 列聖志四冊爲先借來]

『曆中日記』, 1737年 6月 7日 記事

② 류팽노柳彭老가 또 내방했기에 『학림옥로鶴林玉露』 2책을 빌려주었다. [柳生彭老又來訪 借鶴林玉露二冊]

『曆中日記』, 1739年 3月 20日 記事

③ 그저께 대구부에서 『천의소감闡義昭鑑』 3책을 빌려 왔다. 이 책은 이번 봄에 교정을 거친 뒤 반포된 것이지만, 눈이 어질하여 자세히 볼 수 없어 탄식스러웠다. [三昨自府衙闡義昭鑑三冊借來 此乃春間討進後 新頒文字 而目眩無以詳看 可歎]

『曆中日記』, 1756年 6月 26日 記事

④ 상주喪主 조曺아무개로 인해 예안禮安 이교리李校理의 연설筵說과 그가 바친 노선생老先生(이황을 가리킴-필자 주)의 『성현도학연원록聖賢道學淵源錄』 1책을 보았는데, 연설筵說과 주소註疏 모두 볼만했다. [因曺棘人得見禮安李校理筵說及其呈納老先生所撰聖賢道學淵源錄一冊 疏語 俱可觀也]

『曆中日記』, 1756年 8月 27日 記事

⑤ 승려 한총漢摠이 와서 배알하였다. 『경의기문經義記聞』 3책과 『동이고

同異攷』 3책을 가져와서 사 달라고 청하기에 받아 두었다. 『근사록近思錄』 표지 장정은 2질을 부탁했다. [僧漢摠來謁 以經義記聞三冊 同異攷三冊 持納以求買 受留之 以近思錄粧衣次 二秩托之]

『曆中日記』, 1762年 8月 27日 記事

인용문 ①에 제시된 『열성지列聖志』는 조선시대 제왕諸王들의 시문詩文을 정리해 놓은 것으로, 일명 '열성어제列聖御製'라고도 한다. ②의 『학림옥로鶴林玉露』는 남송南宋의 학자 나대경羅大經이 편찬한 것으로, 수필집의 성격이 강하다. ③의 『천의소감闡義昭鑑』은 1721년부터 1755년까지 일어났던 사건들에 대해 영조의 집권의리執權義理를 천명한 책으로, 1755년에 재주갑인자再鑄甲寅字로 간행되었다. ⑤의 『경의기문經義記聞』과 『동이고同異攷』는 남당南塘 한원진韓元震(1682~1751)이 편찬한 『경의기문록經義記聞錄』과 『주자언론동이고朱子言論同異攷』를 가리킨다.

이상의 몇 가지 사례에서도 보듯이, 백불암은 시문 공부와 관련되는 책을 비롯하여 당대에 조정을 중심으로 일어났던 역사적 큰 사건을 기록한 서적까지 두루 섭렵하였음을 알 수 있다. 특히 한원진이 편찬한 『경의기문록』과 『주자언론동이고』를 검토했다는 사실은 기호 지역을 중심으로 활발하게 진행되었던 인물성동이人物性同異에 대한 시비, 즉 호락논쟁湖洛論爭까지 접하고 있었음을 암시한다. 이 밖에도 그가 류형원柳馨遠(1622~1673)의 『반계수록磻溪隨錄』 및 『예의보유禮儀補遺』를 교정한 일 등을 통해서 그의 독서 범위와 당대 지식인과의 소통 노력 등을 엿볼 수 있다.

이상에서 검토한 『역중일기』 수록 주요 기사와 일기의 소재는 질병과 관련된 약제, 독서 및 강학과 관련된 서적 등 극히 일부에 불과하다. 백불암은 역병이 발생하자 우거소寓居所를 옮겨 피접避接하였고, 부인동 「동약절목洞約節目」을 만들어 향촌 사회의 운영과 지식인의 역할을 자임하였다. 또한 진주, 안동, 경주, 칠곡 등 경상도 일대를 유람하며 향내 엘리트와 교유 관계를 맺었으며, 보본재報本齋·중구회重九會를 건립하거나 농연정聾淵亭을 중수하여 선조들의 이업肄業을 계승하려는 의지를 피력했다. 이와 관련된 몇 가지 모티브를 중심으로 다음 절에서는 『역중일기』의 기록 내용을 살펴보기로 한다.

3) 환우患憂에 대한 염려와 가족애家族愛

『역중일기』는 여느 일기와 마찬가지로 간지干支(연월일)–기상 현황–본문의 순으로 기술되어 있다. 다만 본문의 구성은 일정 부분 형식적 틀을 갖추고 있는 것으로 보이며, 예문을 통해 보다 구체적으로 살펴보기로 한다.

> ① 9일. ② 맑음. ③ 집을 나와 있다가 갑자기 어머님의 병환이 더하시다는 소식을 들었다. 달려가 진찰해 보니 증세가 가볍지 않아 어찌할 바를 몰랐다. ④ 곧바로 증세를 적어 서숙庶叔을 현풍玄風으로 보냈다. [初九日 晴 在外 忽聞慈候添極 入診 症態非輕 罔措罔措 卽修症錄 庶叔往玄風]
>
> 『曆中日記』, 1738年 12月 9日 記事

인용문은 『역중일기』에 수록된 특정일의 내용을 기록 성격별로 네 단락으로 구분해 본 것으로, 여기서 주목할 대목은 바로 ③이다. 최흥원은 1735년 7월에 부친상을 당한 뒤 1737년 9월에 복결服闋하고, 같은 달에 삼우三虞와 졸곡卒哭을 마쳤다. 1738년 2월에는 선조 대암공臺巖公이 세운 농연정聾淵亭 터를 답사하였고, 10월에는 대암공의 사판祠版을 별사別祠에 봉안하였다. 대안공 사판 봉안은 부친의 유언을 따른 것이다.

이 일로 인해 그는 집을 비우는 일이 잦았으며, 별사 건립 때에는 어머니가 와서 아들을 격려하기도 했다. 그런데 이것이 발단이 되어 1738년 12월 7일 이후 어머니의 병환이 심상치 않은 상태에 이르렀다. 이날부터 1765년 8월까지 28년 동안의 『역중일기』에는 어머니의 건강 상태[慈候]에 대한 기록이 하루도 빠지지 않을 정도였다. 심지어는 다른 지방에 출타해 있을 때에도 인편을 통해 어머님의 건강 상태를 체크하는 남다른 효성을 보였다. 그래서 "어머니는 첨상添傷이 없다.[慈候無添]", 혹은 "어머니는 다행스럽게 어제와 같다.[慈候幸如昨]"라는 기사가 52년 『역중일기』 가운데 전반부 28년을 관통하는 주요 관심 키워드라 할 수 있다.

어머님의 병환을 염려하는 애틋한 마음은 형제나 자녀들에게도 그대로 이어졌다. 최흥원은 일찍 죽은 재열再悅을 비롯하여 흥점興漸(출出, 이시성李時成의 딸과 혼인), 흥건興建(권빈權贇의 딸과 혼인), 흥후興厚(정엽鄭燁의 딸과 혼인) 등 남동생 넷과 여동생(류성복柳聖復과 혼인) 하나가 있었다. 그리고 일직손씨一直孫氏와의 사이에 아들 주진周鎭(류영柳泳의 딸과 혼인)과 딸(이경록李經祿과 혼인) 하나를 두었다. 이들의 안부와 질병은 그에게 늘 관심거리였으며, 혹 이들 중에 병에 걸린 이가 있으면 스스로 어찌할 바를 몰랐다.(『역중일기』, 1747년 1월 8일 자 기사) 또 형제들의 살림 형편을 살펴 부족한 부분이 있으면 아낌없이 나누어 주기도 하였다.(『역중일기』, 1742년 3월 17일 자 기사)

최흥원의 가족애는 부인 손씨의 임종 장면에서 가장 극적으로 묘사되었다. 손씨부인은 그 전에도 여러 차례 병을 앓았다가 결국 1740년 4월 4일에 운명하였다. 손씨는 임종에 앞서 늙은 어머님을 잘 봉양할 것, 장례는 검소하게 치를 것, 새장가를 들어 남은 아이들을 잘 기를 것 등을 당부하였다. 하지만 그는 아내의 죽음 이후 40여 년을 홀로 지냈다.

가족애를 통한 인간미는 친족親族과 사돈지간査頓之間을 넘어 서숙庶叔과 집안의 노비奴婢들에게까지 이어졌다. 그의 서숙庶叔은 인명을 자세히 알 수 없지만, 『역중일기』에 자주 언급되는 인물이다. 그는 자신을 찾아온 이초행李楚行을 만나서 전날 서숙을 욕보인 일에 대해 크게 나무라기도 하고(『역중일기』, 1737년 윤9월 25일 자 기사) 부인동 별사에 데리고 가서 함께 성묘하는 등 그에 대한 애정이 남달랐다.

최흥원의 가족에 대한 각별한 사랑과 인간미는 『역중일기』에 다음과 같이 두 가지 유형으로 묘사되었다. 첫째, 그에게는 가족들의 안부가 가장 큰 관심거리였는데, 1740년 4월 부인 손씨의 죽음, 1756년 10월 1일 여동생의 죽음 등의 기록에서 인간미 넘치는 애잔한 모습이 잘 형상화되어 있다. 둘째, 그의 가족애는 집안을 넘어 일반인들에게까지 미쳤다. 예를 들어 『역중일기』 1740년 9월 20일 자 기사의 내용에, 유기장수가 억울하게 포도청에 잡혀가자, 그의 억울함을 밝히는 글을 포도청에 보낸 사실을 통해 사람에 대한 따뜻한 마음을 엿볼 수 있다.

4) 종사宗事의 주관主管과 향촌鄕村의 교화敎化

최흥원은 경주최씨 대암공파臺巖公派의 종손으로 약관弱冠부터 집안의 대소사를 익혔으며, 31세 되던 해에 부친을 여의고 난 후 문중뿐만 아니라, 가장으로서 집안의 일을 주관하게 되었다. 『역중일기』에 기록된 그의 일가친지들은 묵동족숙墨洞族叔, 성기숙聖起叔, 종지조宗旨祖, 지묘숙智妙叔, 인동조仁同祖, 용암족조龍巖族祖 등으로 표현된다. 따라서 그의 친척들은 대구시 지묘동, 칠곡군, 경주시, 영천시 등에 흩어져 거주했던 것으로 보이며, 이들은 혼례나 가례를 비롯하여 성묘省墓, 고유告由, 삭망제朔望祭, 사당 건립 등 집안의 대소사가 있으면 늘 한자리에 모여 종사를 논의하곤 하였다.

『역중일기』에 보이는 경주최씨 가문의 대소사는 통덕공의 장례와 무덤 조성, 별묘 건립 등에 친지들이 와서 돕거나 부조하는 것이 첫 기록이다. 이후 1738년 1월 29일 영천에 거주하는 서유태徐維泰와 송사訟事에 휘말렸다. 이 송사는 1739년 2월 말까지 이어졌고, 결국 서유태가 감영에 투옥되는 것으로 일단락되었다. 1739년 3월 1일부터 3일까지의 기록을 보면, 이 송사는 최씨 집안과 서씨 집안의 선영先塋 문제로 벌어진 듯하다. 당시 최씨 집안에서 이 송사를 맡은 이는 최광석崔光錫으로, 그는 송사의 진행 상황 및 관련 서류를 빠짐없이 백불암에게 보고하였다.

이처럼 몇 가지 예외는 있지만, 최흥원이 주도한 최씨 문중의 가장 큰 행사는 부인동 향약鄕約의 시행이다. 선행 연구[2)]에 따르면, 그는 1738년 『주자증손여씨향약朱子增損呂氏鄕約』에 근거하여 부인동에서 향약을 실시하였다. 칠계가 아닌 부인동에서 향약을 실시한 이유는 그의 5대조 대암공이 그전에 부인동에서 향약을 시행하였고, 그곳에 많은 토지를 소유하고 있었기 때문이다. 『역중일기』에 보이는 부인동 향약에 대한 기록은 1738년 12월 22일 자 기사부터지만, 향약 시행에 대한 기록은 1739년 2월 26일 자 기사에 자세하다.

맑음. 일찍 아침을 먹고 나와 동사洞舍에 앉아 동네 사람들로 하여금 동서東西로 나누어 뜰 밑에 앉게 하였다. 먼저 서기書記를 정해 『남전여씨향약약가증손藍田呂氏鄕約略加增損』을 베끼게 하고, 이를 동약洞約으로 삼았다. 족인族人 최경순崔慶淳을 동약직洞約直으로 삼고, 하인 중 배자운裵自雲을 동약소 이정洞約所里正으로, 박신특朴信特을 동약소 전곡洞約所典穀으로 삼았다. 차임差任이 끝나자 약조約條를 언문으로 풀이하여 하인들에게 '옛것을 고치고 새 것을 따른다.'라는 뜻임을 거듭 알렸다. 동인洞人 등이 부복하여 들다가 일어나 대답하기를 "감히 명을 어기겠습니까?"라고 하였다. 저물녘에 모임이 끝났다. 서기는 임봉래林鳳來이다.[晴 早食出坐洞舍 令洞人分坐東西階下 先差書記 使謄出藍田呂氏鄕約略加增損 以爲洞約 以族人崔慶淳 爲洞約直 以下人中裵自雲爲洞約所里正 朴信特爲洞約所典穀 差任訖 命以諺解釋約條 通諭下人 以革舊從新之意申申焉 洞人等皆俯伏以聽 作而對曰 敢不唯命 至昏乃罷坐 書記林鳳來也]

『曆中日記』, 1739年 2月 26日 記事

인용문을 통해 부인동 향약이 시행되던 날의 생생한 모습을 살필 수 있다. 특히 당시에 시행된 향약의 직임職任을 맡은 이들의 명단과 동약洞約의 조문條文을 언문으로 풀이한 사실 등은 『역중일기』에만 보이는 것이다.

부인동 동약이 시행되는 과정에서 한두 가지 사소한 우여곡절을 겪은 사실 또한 『역중일기』를 통해 확인할 수 있다. 동약의 직임을 맡은 이 가운데 배자운이 뜻밖에 반묘지욕反苗之辱을 당해 직임을 체직시켜 달라고 요청하였다. 그러자 백불암은 체직을 청하는 것은 마땅하지 않으며, 각 마을에서는 반묘反苗한 이들을 사출査出해 보고하라고 했다.(『역중일기』, 1739년 4월 26일 자 기사) 이처럼 1738년에 시행된 동약은 백불암의 특별한 관리와 관심 아래 그가 임종할 때까지 꾸준하게 진행되었다.

동약洞約의 시행은 1752년 선공고先公庫와 휼빈고恤貧庫를 통해 전세田稅 부담 완화의 효과를 가져왔다. 선공고는 동약을 통해 공전公田을 마련하여 거기서 나오는 생산물로 향약에 참여하는 동민들의 전세를 대납하는 것이며, 휼빈고는 토지가 없는 농민에게 경작할 토지를 지급하여 촌락사회의 안정을 도모하는 것이다. 선공고와 휼빈고는 주희의 사창법社倉法을 모방한 것이라는 주장과 유형원의 『반계수록磻溪隧錄』의 영향을 받은 것이라는 주장이 대립된다.[3] 그러나 1755년 11월 9일 자 『역중일기』의 기사에 "얼마의 술과 음식이 있어 동네 사람 모두가 취하고 배부름을 얻어서 즐거워하니, 이것이 동약洞約을 함께하는 효험"이라고 한 기록을 보면, 백불암은 동약洞約을 통해 향촌 사회의 교화와 질서 안정의 긍정적 측면을 부각하려고 애썼음을 알 수 있다.

하지만 백불암의 노력에도 불구하고 간혹 향약을 시행하는 과정에서 동민들이 술주정을 부리는 일이 발생하기도 하고(『역중일기』, 1744년 2월 18일 자 기사), 모임에 불참하는 사례가 잦아지는 등 문제점이 노출되기도 했다. 『문집』이나 「연보」, 『언행록』 등에 기록되지 않은 향약 시행 과정에서 그가 느꼈던 실망감이 『역중일기』에 사실적으로 잘 기록되어 있다.

5) 교유交遊와 유람遊覽

『역중일기』에 보이는 최흥원의 일상은 정적인 모습으로 형상화되는 경우가 많다. 친지를 비롯하여 수많은 인물들이 내방하고, 집안과 관련된 건조물의 신축 및 수리나 봉제사 등으로 인해 집을 비우는 시간이 많았지만 『역중일기』에는 이러한 동적인 모습조차 차분하게 기술되어 있다. 그의 외부 출입은 문중 모임, 친지의 혼사婚事, 제사祭祀, 동약洞約 참석 등이 출타의 대부분을 차지한다. 예외가 있다면 다른 경로를 통해 접하게 된 지식인들과의 교유를 위한 것이었다. 예를 들어 김성탁金聖鐸과의 만남이 바로 여기에 해당한다.

> 둘째 동생이 5대조 기제忌祭에 참사參祀하려고 비를 무릅쓰고 집으로 돌아갔다. 천전川前 김정언金正言이 교리校理가 되어 남악南岳(갈암葛庵 이현일李玄逸을 가리킴-필자 주)의 벼슬 회복을 청하다 대간臺諫의 탄핵을 받아 잡혀가게 되었다고 하는데, 이 사실은 밀양密陽 박숙朴叔이 부중府中에서 듣고 전한 것이다. 경상감사가 또한 그 상소를 받아서 전달했다는 이유로 탄핵을 받았다고 하니, 참말인지 거짓말인지 모르겠다.[仲弟爲參五代祖忌祀 冒雨還家 聞川前金正言 爲校理 請南岳復官 受臺評至被拿 此密陽朴叔 自府中來傳者也 方伯又以受上其疏遣彈云 未知其虛實也]
>
> 『曆中日記』, 1737年 6月 6日 記事

인용문에서 말한 김정언金正言이 바로 김성탁이다. 김성탁은 1728년에 일어난 이인좌李麟佐의 난 때에 의병을 일으키고 창의소倡義所에서 토역문討逆文을 각 지방의 유문儒門에 보내는 등의 공로가 있었다. 그러나 1737년 스승이었던 갈암葛庵 이현일李玄逸(1627-1704)을 위한 신원소伸寃疏를 올렸다가 왕의 노여움을 사서 정의旌義에 유배되었고, 다시 광양으로 유배지가 옮겨졌다. 평소 김성탁의 인물됨을 흠모하였던 그는 1740년 12월 10일에 김성탁을 만나기 위해 광양으로 길을 떠났다.

당시의 여정은 신반新反(12월 10일)-의령宜寧(13일)-진주晉州(14일)

–하동河東(16일)–섬진강(17일)–귀가歸家(24일) 순이었다. 백불암은 진주에 머물면서 촉석루에 올라 「삼장사三壯士」의 운에 차운한 「등촉석루차삼장사운登矗石樓次三壯士韻」을 남기기도 했다. 이 여행에서 그와 김성탁이 조우했는지에 대한 자세한 기록은 없다. 당시에 동행한 인물은 곽정조郭正朝(1709–1763)와 성서聖瑞의 아들이었는데, 이들 중에 곽정조는 훗날 고향으로 돌아갈 때 사려 깊은 군자로 칭송되기도 했다.

진주 나들이 이후 그는 1746년 9월에 안동으로 가서 도산서원陶山書院에 참배하고 상덕사尙德祠, 애일당愛日堂 등에서 지역의 명사들과 교유하였다. 그 당시 일부러 일정을 잡아 소호蘇湖에 있는 이상정李象靖을 방문하였으며, 훗날 조카 사진思鎭과 상진相鎭을 이상정의 문하에 보내 종학從學케 하기도 했다. 이뿐만 아니라 1748년에는 팔공산을 유람하였고, 화담花潭에서 선유船遊를 즐기기도 했다. 그의 유람은 향후 지리산과 경주 등지로 이어지며, 경주에서 정엽鄭燁을 만나 일생의 지기가 되기도 했다.

6) 무아無我의 동경憧憬과 거경조존居敬操存의 추구

최흥원이 일찍부터 과거를 단념한 배경에는 과거제 폐단 인식을 하나의 원인으로 지목할 수 있다. 일례로 『역중일기』 1766년 8월 22일 자 기사에는 그가 이상정과 같이 등산하면서 세도世道를 구하는 것은 과거科擧를 없애는 것이 가장 시급하다고 주장하는 장면이 기록되어 있다. 그렇지만 과거를 단념하고 포의布衣로 지낸 선비일지라도 세사世事를 온전히 외면하고 지낼 수는 없으며, 조선의 선비들은 누구보다도 세사에 관심이 많았다.

최흥원은 대구부사大邱府使나 인근 고을의 수령이 교체될 때면, 그 사람의 성정性情과 인품을 파악하기 위해 열의를 보였다. 또 조정의 관원들이나 내방한 사람들의 그것에도 각별한 관심을 보였다. 그렇다 보니 자연스럽게 위정자나 사회 제도에 대해 비판적 안목을 가질 수밖에 없었고, 이러한 그의 사유세계가 『역중일기』에 잘 드러나 있다.

> 용암제역龍巖堤役은 두 번이나 해안解顔 4면(해서부解西部 해동촌解東村 해북촌解北村 해북서촌解北西村－필자 주) 백성들을 동원해 부역을 시켰다. 온전하게 제방을 쌓아 물을 가둘 방법이 결코 없으며 관에서 이미 실패하고도 민력民力을 헛되이 소비하여 원망을 산 것이 적지 않으니, 계획을 잘못 수립한 자가 부끄러운 마음이 없어서야 되겠는가.[龍巖堤役 再使解四面赴役 決無完築 儲水之理 而官已見敗 枉費民力 用取愁怨不少 創爲誤計者 得不愧心]
>
> 『曆中日記』, 1739年 4月 27日 記事

인용문에서 언급한 용암 제방 축조 문제는 그다음 날(28일)부터 문중 소유의 산에서 소나무를 베어 가는 문제로 번졌다. 이 일로 인해 공사를 감독하던 감역監役과 백불암 간에 시비가 붙었고, 나중에는 세 문중의 비방전誹謗戰으로 확산되는 양상을 띠기도 했다. 결국 용암 제방 축조는 무사無事로 돌아갔지만, 이 사건을 해결하는 과정에서 부조리한 일에 대처하는 그의 정의로운 모습을 엿볼 수 있다.

하지만 선행 연구 및 「연보」를 통해 백불암은 일생을 산림처사山林處士로 살아가고자 하는 노력을 견지했음을 알 수 있다. 이런 태도는 『역중일기』를 통해서도 간간이 발견된다. 1742년 1월 22일 자 기사를 보면, 무태無怠 전생全生이 찾아와 아이들을 가르쳐 달라고 청하자, 그는 "내가 배움이 부족한데, 어찌 남을 가르치겠는가?[余無學 豈意教人]"라고 하면서 거절하는 대목이 있다. 같은 용례를 조한방曺翰邦의 경우에서도 찾아볼 수 있다.(1766년 1월 2일 및 11월 22일 자 기사) 이처럼 그는 자신을 내세우지 않고 스스로를 반성하면서 살고자 하였다. 이는 이른바 조선 후기 도학자道學者의 삶에서 찾아볼 수 있는 전형적인 모습이다.

백불암이 과거에 힘쓰지 않았던 이유도 이와 같은 맥락이다. 그는 스스로를 꾸짖는 시(「자구음自咎吟」)에서 박태기나무는 꽃봉오리를 보존하였지만 자신은 심력心力이 부족해 성誠을 배양하지 못한다고 자조했다. 이처럼 자신을 드러내지 않고 궁리窮理와 조존操存을 바탕으로 성誠을 추구하던 태도는 『역중일기』에서도 간간이 발견된다.

> 맑음. 어머님은 어제와 같으시다. 『논어論語』 '이능문어불능장以能問於不能章' 중에 사씨謝氏의 해석이 마음에 맞기에 자리 오른쪽에 써서 붙였다.[晴 慈候如昨 論語以能問於不能章 謝氏註釋有會心處 今書之座右]
>
> 『曆中日記』, 1742年 1月 22日 記事

『논어論語』 '이능문어불능장以能問於不能章'은 「태백泰伯」 편에 보이며, 주희는 해당 대목과 같은 경지는 안연顔淵만이 가능하다고 했다. 사량좌謝良佐는 이 대목을 "유여有餘함이 자신에게 있고 부족함이 남에게 있음을 알지 못하며, 반드시 득得이 자신에게 있고 실失이 남에게 있다고 여기지 않아서 무아無我의 경지에 가까운 자가 아니고선 능하지 못하다.[不知有餘在己不足在人 不必得爲在己失爲在人 非幾於無我者不能也]"라고 풀이하였다. 이는 피차彼此나 물아物我의 경계를 뛰어넘는 경지로, 도학자들이 궁극적으로 지향하는 목표라 할 수 있다.

7) 『역중일기曆中日記』의 가치와 활용 방안

조선 후기 영남인이 기록한 일기 가운데 지금까지 학계에 알려진 것은 황사우黃士祐(1486-1536)의 『재영남일기在嶺南日記』, 정경운鄭慶雲의 『고대일록孤臺日錄』, 홍낙건洪洛建의 『감계록監戒錄』, 김령金坽의 『계암일록溪巖日錄』 등이다. 『재영남일기』는 임란 이전의 기록이며, 경상도도사慶尙道都事의 직무職務 일기라는 점에서 사료적 가치를 평가할 수 있고, 『고대일록』은 임란의 참상을 핍진하게 묘사했다는 점에서 학술적 가치를 매길 수 있다. 또한 『계암일록』은 17세기 안동(예안)을 중심으로 벌어졌던 퇴계학파의 여러 가지 사건들과 그 중심에서 주인공 김령의 영향력을 파악할 수 있는 자료이다.

『역중일기』는 관직 생활을 기록한 것도 아니고 전쟁 체험 일기도 아닌, 개인의 평범한 일상사를 사실적으로 묘사한 것이다. 따라서 앞에서 언급한 몇 가지 자료 중 기술 내용이나 성격 면에서 홍낙건의 『감계록』과 유사하다고 볼 수 있다. 사실 『감계록』과 『역중일기』는 주인공의 생몰 연대를 제외하면 닮은 점이 많다. 백불암과 홍낙건 모두 과거에 응시하지 않은 점, 각각 대구와 함창을 대표하는 가문의 일원인 점 등이 여기에 해당한다.

『감계록』과 『역중일기』는 내용 기술의 면모와 양상 면에서도 유사한 점이 많다. 『감계록』은 전곡錢穀의 시세 변동 양상을 자세하게 기록한 점, 가족들의 사주四柱나 자손들에게 경계할 명언 등 주변에서 일어나는 내밀한 일상까지 기록한 점, 각종 질병과 감염 사례를 매우 구체적으로 기술한 점 등에서 기술적 특징을 찾을 수 있다. 『역중일기』 또한 마찬가지 양상을 띤다.

수록된 내용을 기준으로 『감계록』과 『역중일기』는 동약洞約의 시행과 백성들의 교화, 지역의 명망 있는 인사와의 교류 등에서 차이를 발견할 수 있다. 백불암이 시행한 부인동 향약은 기존의 연구 성과가 있어 더 이상의 췌론이 필요치 않다. 그러나 그가 시행한 부인동 향약의 진행 과정과 파급력 등은 『역중일기』를 통해서만 확인이 가능하다. 꿈속에서 문경聞慶의 명유名儒 조덕린趙德隣(1658~1737)으로부터 "세상이 쇠衰하고 예禮가 무너졌으니 종시終始 부지런히 익혀 십분十分 게으르지 말라.[世衰禮壞 始終勤學 十分無怠]"라는 내용의 편지를 받은 사실(1738년 5월 30일 자 기사) 또한 『역중일기』에서만 확인할 수 있다.

『역중일기』의 가치는 백불암이 형제들과의 우애를 애틋하게 그려내고 있다는 점을 가장 높이 평가할 수 있다. 『백불암집』에는 흥점興漸, 흥건興建, 흥후興厚와의 동기애를 박대기나무[紫荊]에 빗댄 시 작품이 다수 수록되어 있다. 여기에 더하여 『역중일기』에는, 흥점興漸이 진주 여행 당시 자신을 데려가지 않아 서운했던 마음을 시로 표현하자, 백불암이 화답시를 보내는 장면이 수록되어 있다.(1739년 2월 20일 자 기사)

『역중일기』의 두 번째 가치는 백불암을 중심으로 한 인적 네트워크를 파악할 수 있다는 것이다. 본문에서 자세히 언급하지는 않았지만 묵동족숙墨洞族叔, 성기숙聖起叔, 종지조宗旨祖, 지묘숙智妙叔, 인동조仁同祖, 용암족조龍巖族祖, 경제씨慶濟氏 등은 그와 혈연으로 맺어진 사이이다. 이상정李象靖, 곽동조郭東朝, 이경록李徑祿, 이담명李聃命 등은 그가 교유를 통해 알게 된 인물들이다. 『역중일기』를 정밀하게 검토하여 보다 많은 인물들을 발굴하는 것이 시급한 과제이며, 수록된 인물들의 인적 네트워크를 통해 조선 후기 대구를 중심으로 한 사림들의 동향을 검토할 수 있는 계기를 마련할 수 있을 것이다. 특히 그가 이익李瀷에게 자제들의 교육을 맡긴 사실 등을 감안하면 18세기 대구 지역을 중심으로 한 기호사림과의 교유 관계망을 파악하는 일은 학술사에서 차지하는 비중이 적지 않을 것이다.

백불암은 1739년 『대구부읍지』가 간행될 때 5대조 대암공의 사적事蹟을 기술하는 일로 읍지 수정에 참여하였다. 또한 1741년 11월 8일 자 기사를 통해 그가 아우 흥건과 함께 『예의보유禮儀補遺』를 교정하였음을 확인할 수 있다. 그가 『반계수록磻溪隧錄』을 반포하기 위해 교정에 참여한 사실은 이미 알려져 있다. 이런 몇 가지 사례들을 종합해 보면, 그는 18세기 중반 지역 사회에서 어느 정도 명망名望을 인정받았음을 추정할 수 있다.

또 『역중일기』에는 변례變禮에 대처하는 백불암의 모습이 자세하게 그려져 있다. 예를 들어 집안의 묘사墓祀에 소를 제물祭物로 쓰는 것이 예가 아님을 『퇴계집退溪集』을 통해 밝히고, 향후엔 소를 제수로 사용하지 않겠다고 다짐하는 기록이 있다.(1741년 10월 6일 자 기사) 또 아내상과 장모상이 겹쳐 집상執喪의 절차에 대한 참고 자료가 필요하자 『우복집愚伏集』을 근거로 예를 실행하였다.(1742년 3월 27일 자 기사)

이처럼 『역중일기』는 18세기 대구 지역에서 활동한 사림의 일상사를 고스란히 간직하고 있다. 1743년 1월 5일 자 기사에는 돌림병의 유행이 심각한 단계에 이르자, 최흥원이 가족들과 이별하여 우거소를 옮기는 대목이 있다. 집을 떠나면서 그는 어머님의 안부와 가족들의 건강을 염려한다. 같은 해 윤4월 27일에는 대구부사가 동화사桐華寺에서 기우제를 지내는 모습이 묘사되어 있는데, 이를 통해 농사農事와 백성을 염려하는 그의 마음을 생생하게 읽을 수 있다.

『역중일기』에 수록된 지명과 공간적 배경 중 팔공산八公山 동화사桐華寺는 눈여겨볼 곳이다. 동화사는 그에게 피접소避接所, 아우와 자제들의 독서 공간을 제공하고, 땔감·종이·먹·각종 약재 공급처의 기능을 하던 곳이다. 간혹 급전이 필요할 경우 구채求債를 위해 노비들을 동화사로 보내기도 했다. 그렇기 때문에 그는 동화사 승려들과 각별한 관계를 유지할 수밖에 없었다. 이러한 모습들을 통해 조선 후기 향촌 선비의 일상을 그려 나갈 수 있을 것이다.

---

1) 최언돈, 「百弗庵 崔興遠의 성리사상 연구를 위한 예비적 고찰」, 『퇴계학논집』 3, 영남퇴계학회, 2007, 7-12면.

2) 정진영, 「조선후기 향약의 일고찰: 부인동 동약을 중심으로」, 『민족문화논총』 2·3합집, 영남대학교 민족문화연구소, 1982.

3) 정진영, 위의 논문.

제4장

종가의 제례와 건축문화

1 불천위 제사 및 일반 기제사

백불암종가에서 한 해 동안 선조를 위해 거행하는 제례 의식은 불천위 제사, 4대 봉제사, 가을 시사 등이 있다. 종가에는 두 위의 불천위가 별묘別廟와 가묘家廟에 각각 봉안되어 있는데, 별묘에 대암 최동집의 위패가, 가묘에 백불암 최흥원의 위패가 모셔져 있다. 그리고 현 종손의 고조, 증조, 조고, 선고 등 4대 내외의 신주神主 역시 가묘에 모셔져 있다. 대암의 불천위 제사는 음력 6월 7일이다. 제사는 원위原位와 배위配位의 제사를 각각 지내지 않고, 기일날 저녁 8시쯤에 두 위의 신주를 같이 보본당으로 출주하여 합사合祀한다. 그리고 백불암의 불천위 제사는 1800년대 말에 영남 유림이 뜻을 모아 유림 불천위로 결정되었고, 매년 음력 8월 22일에 원위와 배위의 신주를 같이 제청으로 출주하여 합사合祀한다. 백불암의 불천위 제사를 살펴보기로 한다.

1) 제사 준비와 제청 마련

제사에서 가장 중요한 절차 중 하나가 바로 제수의 장만이다. 제수는 정침에서 종부를 중심으로 일가 여성들이 참여하여 숙연한 분위기에서 정성껏 준비한다. 제사는 사랑채 제청祭廳에서 거행된다. 제사 하루 전에 제청과 별묘의 안과 밖을 깨끗하게 청소한다. 예로부터 봉사손이 되는 종손은 제사가 다가오면 외부 출입을 삼가하여 외부의 길흉사에 일절 관여하지 않고 경건한 마음으로 불천위 제사를 준비했다. 제사 당일이 되면 종손이 중심이 되어 문중의 남성들이 병풍, 제상祭床, 교의交椅, 향로香爐, 향합香盒, 촛대[燭臺], 향로대香爐臺, 제석祭席, 축판祝板 등을 정위치에 가지런히 비치하여 제사를 지내기 위한 기본적인 준비를 마친다.

먼저 병풍을 펴는 것으로 제청 마련을 시작한다. 병풍은 백불암의 증손자인 지헌 최효술이 입재의 시 「입춘立春」을 차운하여 지은 시 「복차입재선생입춘운伏次立齋先生立春韻」이 초서로 적혀 있는 것으로, 이를 통해 선조에 대한 존모가 어느 정도인지를 가늠할 수 있다. 병풍 앞에는 출주한 신주를 모실 수 있는 교의가 있다. 교의 앞에는 제수를 진설할 수 있는 제상을 놓고, 그 위에 양

제청 마련

쪽으로 촛대를 놓는다. 제상 앞 중앙에는 향안香案이 있고, 그 위에 향로香爐와 향합香盒이 가지런히 놓여 있다.

2) 진설陳設, 정성껏 제수를 올리다

불천위 제사에서는 종손이 주관하여 참제한 모든 제관들이 대대로 전해 오던 진설도陳設圖에 의거하여 정성껏 제수를 진설한다. 먼저 문중의 젊은 제관들이 정침에서 제기에 올려져 있는 제수를 제청으로 가져온다. 연로한 제관들은 옮겨 온 제수를 종손

제수의 진설

의 주관하에 함께 정위치에 진설한다.

먼저 첫 번째 열에는 왼쪽부터 메, 잔[祭酒], 국[羹], 시저匙箸 등의 순으로 진설한다. 메는 햅쌀로 지은 밥을 가득 담는다. 제주는 전승되던 제주가 있었지만, 지금은 품질 좋은 청주를 구입하여 잔을 올린다. 국[羹]은 탕을 끓여 제기에 담는다. 탕은 손질한 마른 문어와 다시마를 푹 삶아 육수를 우려내고, 그 육수에 건홍합과 손질한 생새우를 넣고 끓인다. 한소끔 끓으면 준비해 둔

소고기와 무를 넣고 집간장으로 간을 하여 다시 한번 끓인다.

두 번째 열에는 면麵, 탕, 도적 1, 도적 2, 편탕, 떡(편) 등의 순으로 진설한다. 면은 소면을 삶아 찬물에 헹구어 물기를 제거한 후 제기에 담는다. 탕은 육탕으로, 도적을 드실 때 국물을 같이 음용하는 의미를 담고 있다. 첫 번째 열에 진설한 탕을 한 그릇 더 놓는다. 도적 1은 돼지고기 수육 위에 삶은 문어를 괸다. 문어는 머리를 아래로 접어 괸다. 도적 2는 부추전 3단, 고구마전 3단, 명태전 1단, 육전 1단, 오징어(몸통) 1단, 상어(돔배기) 꼬치 2단, 조기 1단, 소고기 꼬치 3단, 닭 1마리, 소고기 3꼬치 순으로 괸다. 편탕은 편을 드실 때 목이 막힐까 봐 음용하는 의미를 담고 있다. 편탕 역시 마른 문어와 건홍합, 생새우 등을 넣고 끓인 탕을 한 그릇 더 놓는다. 떡(편)은 콩시루떡 7단, 호박시루떡 4단, 팥고물 인절미 2단, 전 1단, 조악 1단, 흑임자경단 1단 순으로 총 16단을 괸다. 본편은 콩시루떡이며, 호박시루떡, 팥고물 인절미, 전, 조악, 흑임자경단은 웃기이다.

세 번째 열에는 포, 자반, 나물, 침채沈菜, 청장淸醬, 식해食醢 등의 순으로 진설한다. 포는 북어포의 주둥이와 꼬리를 살짝 치고 다섯 마리를 올린다. 머리가 동쪽으로 향하도록 진설한다. 자반은 고구마전, 동태전, 육전 순으로 괸다. 고구마전은 고구마를 도톰하게 저민 다음 밀가루를 푼 물에 적셔 지진다. 동태전은 동태에 밀가루를 입힌 뒤 밀가루 물에 적셔 지진다. 육전은 참기름과 간장에 재운 소고기 편을 밀가루를 입힌 뒤 밀가루 물에 적셔 지진다. 나물은 콩나물을 제기의 아래에 깔고 고사리나물, 도라지나물, 배추나물, 무나물을 등분하여 제기에 담는다. 고명으로 깨소금을 뿌린다. 콩나물은 채 썬 무와 함께 삶아 소금으로 간을 한다. 고사리나물은 고사리를 삶아 물러지면 건져 물기를 빼고 참기름으로 볶아 간장으로 간을 한다. 도라지나물은 도라지를 소금으로 주물러 쓴맛을 빼고 끓는 물에 데친 후 건져서 참기름을 넣어 볶는다. 배추나물은 배추를 적당한 크기로 잘라 데친 후 건져 물기를 제거하고 참기름과 깨소금, 집간장을 넣어 무친다. 침채는 나박썰기 한 무를 소금으로 간하여 물김치를 담는다. 청장은 집간장을 그대로 올린다. 식해는 고두밥을 지어 엿기름, 설탕, 마늘, 생강, 고추가루와 잘게 부순 북어살을 넣고 고루 버무린다. 서늘한 곳에서 3일 정도 숙성시켜 색과 맛이 우러나면 사용한다. 제기에 소복이 담아 올린다.

네 번째 열에는 대추, 밤, 배, 사과, 귤 등의 순으로 진설한다. 먼저 밤을 제기에 담고 그 위에 대추를 수북하게 올린다. 밤은 위아래를 평평하게 도려내고 옆면은 돌려가며 친다. 대추는 찬물에 한 번 헹군 다음 물기를 닦아 준비한다. 배는 윗부분을 치고 하단에 3개, 상단에 1개를 괸다. 사과는 윗부분을 치고 하단에 4개, 중간에 3개, 상단에 1개를 괸다. 이때 무너지지 않도록 고정대를 꽂아 가며 괸다. 귤은 윗부분을 치고 원추형으로 4단을 괸다. 3단과 4단의 귤은 껍질을 반 정도만 벗겨 안으로 말아 넣고 모양을 내어 올린다.[4)]

3) 신주의 출주出主에서 납주納主까지, 불천위 제사 의식

진설이 마무리되면 신주를 모셔 오는 출주례를 거행한다. 봉사손奉祀孫인 종손(초헌관初獻官)은 축관祝官, 집사 등과 함께 가묘로 간다. 가묘에 들어가 초헌관이 두 번 절을 하고 축관이 출주出主 축문을 읽는다. 종손은 가묘에서 신주를 출주하여 제청으로 온다.

그런 다음 본격적인 제사 의식을 거행한다. 먼저 참신례參神禮 의식을 한다. 초헌관을 비롯하여 모든 제관은 두 번 절을 한다. 이어서 강신례降神禮 의식을 한다. 강신례는 분향, 뇌주, 강신 재배, 진찬進饌 등의 순서로 진행된다. 진찬은 적과 편을 각각 올린다.

다음으로 초헌례와 독축 의식을 한다. 초헌 헌작, 계반개, 독축, 초헌 재배 순으로 진행한다. 종손이 초헌관이 되어 제주를

今以
顯九代祖考贈通政大夫承政院左承旨
兼經筵參贊官行禦侮將軍世子翊衛
司翊贊府君遠諱之辰敢請
顯九代祖考
顯九代祖妣神主出就廳舍恭伸
追慕

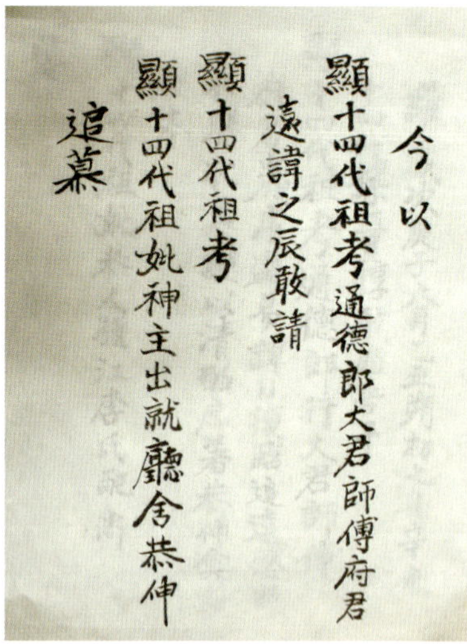
今以
顯十四代祖考通德郎大君師傅府君
遠諱之辰敢請
顯十四代祖考
顯十四代祖妣神主出就廳舍恭伸
追慕

출주 축문(좌: 백불암 불천위 출주 축문, 우: 대암공 불천위 출주 축문)

참신례

올리고 메의 뚜껑을 연다. 축관은 축문을 읽는다.

축관의 독축과 초헌관의 재배가 끝나면, 아헌례 의식을 진행한다. 아헌관은 종부가 맡는 경우가 많지만, 종가에서는 참석한 종원 중 한 사람이 분정을 받아 잔을 올리고 재배를 한다. 종헌례도 아헌례 의식과 마찬가지로 진행한다. 그다음에는 유식례侑食禮 의식을 한다. 유식례는 첨작添酌, 삽시插匙 및 정저正箸, 재배再拜, 합문闔門, 국궁鞠躬, 계문啓門 등의 순으로 진행한다. 종헌관이 올린 술잔에 초헌관이 첨작을 한다. 그리고 초헌관은 숟가락[匙]을 메밥에 꽂고 젓가락[匙]을 바르게 놓는다. 두 번 절을 하고

維歲次戊戌八月乙巳朔二十二日丙寅
九代孫晋惇敢昭告于
顯九代祖考贈通政大夫承政院左承旨
兼經筵參贊官行禦侮將軍世子翊
衛司翊贊府君歲序遷易
顯九代祖考諱日復臨追遠感時不勝
永慕謹以清酌庶羞恭伸尊獻謹奉
顯九代祖妣贈淑夫人一直孫氏配尚
饗

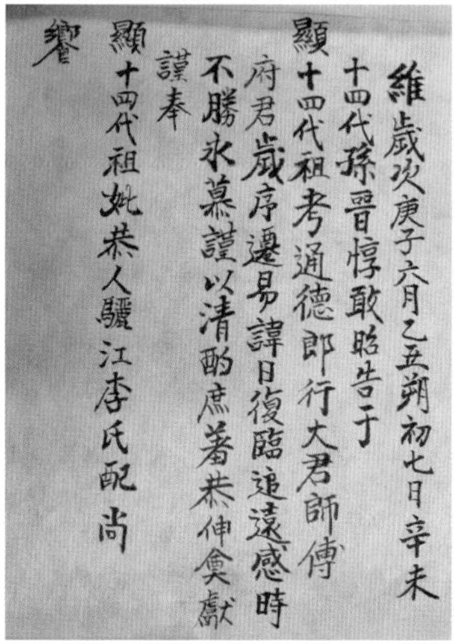
維歲次庚子六月乙丑朔初七日辛未
十四代孫晋惇敢昭告于
顯十四代祖考通德郎行大君師傅
府君歲序遷易諱日復臨追遠感時
不勝永慕謹以清酌庶羞恭伸奠獻
謹奉
顯十四代祖妣恭人驪江李氏配尚
饗

축문(좌: 백불암 불천위 축문, 우: 대암공 불천위 축문)

일어서면 병풍을 닫아 합문을 하고 제관들은 국궁을 한다. 잠시 후, 계문을 하는 것으로 유식례 의식을 마무리한다.

다음으로 헌다례獻茶禮 의식을 한다. 헌다례는 헌다, 점다, 국궁 등의 순서로 진행된다. 헌다례를 마치면 사신辭神 의식을 진행한다. 사신은 제사를 마무리하는 의식으로, 모든 제관은 두 번 절을 한다. 끝으로 납주 의식을 한다. 납주는 합반개, 납주의 순서로 진행하는데, 메의 뚜껑을 덮고 출주했던 신주를 다시 가묘로 안치하는 의식이다. 모든 제사 의식이 끝나면 제관들은 음복하는 것으로 제사를 마무리한다.

백불암종가의 불천위 제사에서 가장 특징적인 것은 바로 두 위位의 불천위를 모신다는 점이다. 영남에서 불천위를 두 위 모시

헌다례

는 종택으로는 겸암종택과 허백당종택 등이 있다. 허백당종택은 허백당虛白堂 김양진金楊震(1467~1535)과 유연당悠然堂 김대현金大賢(1553~1602) 두 위를, 겸암종택은 입암立巖 류중영柳仲郢(1515~1573)과 겸암謙菴 류운룡柳雲龍(1539~1601) 두 위를 각각 별묘와 가묘에 모시고 매년 제사를 지낸다. 백불암종가 불천위 제사의 또 다른 특징은 백불암의 유지에 따라 제물을 검소하면서도 정결하게 장만하는 것이다.

2 선조들의 숨결이 묻은 공간

1) 백불암종택

백불암종가에는 여느 종가들과 마찬가지로 지난 수백 년 동안 학문 수학, 추원보본, 문중 화합 등 다양한 목적으로 건립된 공간들이 있다. 옻골 마을에서 양쪽에 담장을 끼고 들어오면 백불암종택의 대문채를 마주하게 된다. 대문채는 솟을대문이 아니라 평지붕에 행랑 겸 출입문으로 활용하고 있다. 대문에는 초서체의 큰 글씨로 왼쪽에 '용龍' 자, 오른쪽에 '호虎' 자가 적혀 있다. 대문채에 들어서면 넓은 마당과 종가의 전경이 한눈에 들어온다. 종가는 사랑채, 안채, 가묘, 별묘, 헛간채 등으로 구성되어 있다.

▲ 백불암종택 사랑채

▼ 백불암종택 안채

사랑채는 '一' 자 형이고 안채는 '冂' 자 형이며, 사랑채와 안채가 크게 '口' 자 형으로 배치되어 있다. 근래 종가에서 간행된 기록에 따르면 사랑채와 안채는 1694년에 증축하였고, 『칠호집』에는 1913년에 중건한 것으로 기록되어 있다.

사랑채는 정면 4칸, 측면 2칸이다. 정면에 '백불고택百弗古宅' 당호 편액이 게판되어 있고, 대청마루 전면에 '수구당數咎堂' 편액이 걸려 있다.

백불고택 현판

수구당 현판

별묘

처음에는 백불암의 초기 호를 취하여 당호를 '수구당'이라고 하였는데, 나중에 다시 '백불고택'으로 편액을 게판하였다. '수구당'의 현판은 최종응崔鐘應(1873-1943)이 쓴 것이며, '백불고택'의 현판은 최병찬崔秉瓚이 쓴 것이다.

2) 별묘別廟와 가묘家廟

백불암종가는 불천위로 대암과 백불암 두 분 신주를 모시고 있다. 대암의 신주는 별묘에, 백불암의 신주는 가묘에 있다. 여느 불천위 종가에서 쉽게 볼 수 없는 가묘의 형태이며 선조에 대한 추원보본 정신이 남다름을 볼 수 있다. 종가의 사랑채에서 오른쪽으로 걸어가다 보면 보본당 뒤편에 별묘와 가묘가 있다. 대산 이상정은 가묘 외에 별도로 별묘를 둔 것에 대해 "영남의 사대부 사이에는 이런 경우 불천위不遷位의 제도를 쓰는 자가 있어도 예학하는 자들이 혹 그를 잘못이라고 여기는 자가 없다. 그래도 감히 옛 사당에 그대로 봉안하여 5대를 봉사하는 분수에 넘는 짓을 범할 수는 없으므로 별묘別廟에 봉안하고 제사 올리는 빈도를 조절하였으니, 이른바 예문에 없는 예이면서도 중도에 맞는 것이라 하겠다."라고 말하며, 별묘를 둔 것에 대해 설명하였다. 별묘에는 사방으로 토장土墻이 둘러 있고, 입구 대문을 들어서면 왼쪽에 꽤 오래된 향나무가 있다.

별묘는 정면 한 칸, 측면 한 칸의 규모이다. 별묘의 입구로 들어가면 향로대, 향로, 제상이 있고 제상 뒤에는 대암 최동집의 신주를 모신 감실龕室이 있다. 감실 안에는 대암 내외분의 신주가 있다. 왼쪽의 원위 위패는 "현십사대조고통덕랑행대군사부부군신주顯十四代祖考通德郎行大君師傅府君神主", 오른쪽의 배위 위패는 "현십사대조비공인여강이씨 신주顯十四代祖妣恭人驪江李氏神主"라고 조주造主하였다. 특징적인 것은 원위의 위패가 배위의 위패보다 조금 크다. 매년 음력 6월 7일에 신주를 사랑채 대청으로 출주하여 불천위 제사를 지낸다. 또 별묘의 왼쪽에 가묘가 있다.

가묘는 정면 3칸, 측면 1칸 규모이다. 백불암의 위패뿐 아니라, 종손의 4대 선조 원위와 배위의 위패도 함께 모셔져 있다. 왼쪽에는 백불암의 신주가 있다. 별묘에 있는 불천위 위패와 마찬가지로 원위의 위패가 배위의 위패보다 조금 크다. 왼쪽의 원위 위패는 "현구대조고 증통정대부승정원좌승지겸경연참찬관행어모장군세자익위사익찬부군 신주顯九代祖考贈通政大夫承政院左承旨兼經筵參贊官行禦侮將軍世子翊衛司翊贊府君神主", 오른쪽의 배위 위패는 "현구대조비 증숙부인일직손씨 신주顯九代祖妣贈淑夫人一直孫氏神主"라고 조주하였다. 매년 음력 8월 22일에 신주를 사랑채 대청으로 출주하여 불천위 제사를 지낸다.

3) 보본당報本堂

통덕공이 임종하면서 아들인 백불암에게, "우리 고조高祖는 선비의 덕행이 사문斯文에 있고 두터운 은택이 자손에게 있어서 사림들이 일찍이 제사를 지내 드리고자 한 의논이 있었으나 법령 때문에 실행하지 못하였다. 내가 죽으면 예에 따라 마땅히 조천祧遷을 해야 할 것이다. 너는 반드시 별도로 사당을 세워 제사를 지내도록 해라."라고 유지를 남겼다. 마침내 1753년 8월에 제사를 지내기 위한 공간으로 별사別祀 앞에 제당祭堂을 완성하였다.

제당의 규모는 정면 5칸, 측면 2칸이며, 당호를 '보본報本'이라 하고 방의 이름을 '치각致慤'이라 하였다. '치각'은 『예기』「제의祭義」에 "이 때문에 선왕의 효도로 말하면, 부모의 안색이 눈에서 잊히지 않고, 부모의 음성이 귀에서 끊이지 않으며, 부모의 심지와

가묘

기욕이 마음속에서 잊히지 않았으니, 사랑을 극진히 하면 존재하고 정성을 극진히 하면 나타나는 것이다.[是故先王之孝也 色不忘乎目 聲不絶乎耳 心志嗜欲不忘乎心 致愛則存 致慤則著]"라는 말에서 따온 전고이다. '보본'과 '치각'은 백불암의 추원보본의 정신을 엿볼 수 있는 공간이다. 백불암은 보본당이 완공되자 대산에게 기문을 청탁하였고, 대산은 다음과 같이 「보본재기報本齋記」를 지어 주었다.

참으로 훌륭합니다. 그대가 예를 행함이여! 변례이면서 그 정도를 잃지 않은 것입니다. 대암공의 아름다운 절개와 두터운 덕은 백세토록 사당에서

보본당

제향받기에 충분하고, 최씨가 칠계 한 지역에 살게 된 것은 대암공이 실로 처음 터전을 잡은 것입니다. 그러니 이 땅에서 제향받아 자손의 봉사를 누리는 것은 예에서도 의당 허여하는 바요, 돌아가신 처사공處士公의 간곡한 유명이었는데, 그대가 선친의 뜻을 계승하여 이루었으니 효자의 마음가짐이라고 이를 만합니다. 그대가 제사에 정성을 다하고 재계에 공경을 다하여 선조를 받드는 데 힘을 다하고 있으니, 벗으로서 더 이상 권면하고 경계할 것이 없습니다. 바라건대 이 마음을 종족에게 미루고 자손에게 베풀어서 이 집에 들어오는 자들이 모두 그대의 마음으로 자기 마음을 삼게 한다면 장래에 후손에게 많은 복이 또한 무궁하게 이어질 것입니다.

『大山集』 卷44, 「記」, 「報本齋記」

대산은 「보본재기」에서 보본재를 짓게 된 배경과 목적, 그리고 선조를 봉사하는 백불암의 정신을 호평하면서 후손들이 반드시 발복할 수 있을 것임을 예단하고 있다.

백불암은 66세(1770) 정월에 이곳에서 『반계수록磻溪隨錄』을 교정하였다. 17세기 중후반 조선은 왜란과 호란을 겪으면서 피폐해진 국가를 새롭게 재건하고 사회구조를 개편해야 했다. 이런 국가적 현실을 직시한 반계 류형원은 20여 년 동안 자료를 수집하고 연구하여 49세에 국가 개혁을 위한 역작을 완성하게 되는데, 그것이 바로 『반계수록』이다.

이 책은 토지 제도·인재 등용·관리 선발·교육 제도·녹봉 제도·병사 제도 등 모두 여섯 분야의 개혁 방안이 구체적으로 제시되어 있다. 류형원이 인조반정으로 몰락한 북인 계열의 재야 학자였기 때문에 책의 가치를 크게 인정받지 못하다가, 사후에 양득중梁得中(1665-1742), 윤증尹拯(1629-1714) 등이 극찬하면서 국가 차원에서 『반계수록』을 간행하게 되었다. 영조는 경상감사慶尙監司에게 『반계수록』을 간행하도록 명하였고 도내 뛰어난 명유名儒들에게 교정하게 하였는데, 당시 경상도관찰사 이미李瀰(1725-?)가 최흥원에게 교정을 맡기게 되었다.

4) 농연서당聾淵書堂

1644년(인조 22)에 최동집이 명나라가 망하자, 팔공산 부인사 근처 용수동 가루뱅이 마을에 농연정聾淵亭을 지어 장수藏修의 공간을 마련한 적이 있었다. 이후 백불암은 이미 소실된 농연정을 다시 복원하려는 계획을 세웠지만, 이를 실행하는 데 어려움이 많았다. 48세(1752)에 집을 지을 수 있는 재목을 윤계동尹啓東으로부터 부조받게 되었다.

> 팔공산은 대개 남쪽 고을 중에서 물과 암석이 훌륭한 지역이고 부인동의 농연과 분암은 팔공산 중에서도 최고이니, 이곳은 진실로 우리 선조의 정자가 있던 유지입니다. 가만히 몇 칸 집을 지어 선조를 생각하며 숨어 수양할 계획을 세웠습니다만, 재력은 약하고 재목은 귀하지만 정자에 걸 시는 있습니다. 집을 이루지 못하여 늘 한탄스러움이 있었습니다. 얼마 전 굽어 염려해 주신 덕택으로 잣나무를 허여許與하여 집을 짓는 데 활용하도록 도와주시니, 이는 옛사람들이 말한 의리라는 것입니다. 흥원이 용렬하고 어리석으며 졸렬한 사람으로서 어찌 이런 은혜를 입을 수 있었는지요. 감사함을 마음에 새겨 우러러 다 말씀드릴 수 없습니다.
>
> 『百弗庵先生文集』 卷2, 「書」, 「答地主尹候啓東」

윤계동에게 보낸 답장이다. 「답지주윤후계동答地主尹候啓東」에 따르면 백불암은 이미 3년 전부터 농연정 복원을 기획하고 있었다. 하지만 당시 여러 가지 어려움에 직면해 있었는데, 윤계동이 재목으로 쓸 수 있는 잣나무를 선뜻 부조해 준 것이다. 이후 3년이 지난 1755년에 3칸 규모의 건물이 완성되었다. 이 중 동편 두 칸을 '세심재洗心齋', 서편 한 칸을 '탁청헌濯清軒'이라고 한 다음 '농연서당聾淵書堂'이라는 당호 편액을 게판하였다. 그는 상량문을 매헌 송명기宋命基(1680–1755)에게, 기문을 이상정에게 청탁하였다. 기문의 일부를 보면 다음과 같다.

> 무릇 명성明誠의 공부를 병행하고 경의敬義를 함께 세우라는 것은 주 선생朱先生이 「백록동부白鹿洞賦」에서 읊은 글이요, 정이 발하기 전에는 존양存養하는 공부를 하고 이미 발한 뒤에는 성찰省察하는 공부를 해야 한다는 것은 또 「악록서원기岳麓書院記」의 내용이다. 여호 씨가 이미 이러한 공부에 힘써 왔으니, 어찌 만년의 공부에서 이에 더욱 힘쓰지 않겠는가. 또 이 마음을 미루어 그 자제들과 후학들로 하여금 여기에만 뜻을 전일하게 하고 다른 길이 섞이지 않게 하면, 명성 공부가 극진하여 지행知行 공부가 둘 다 진보하고, 존양과 성찰 공부가 지극하여 동정動靜 간에 서로 함양하게 될 것이다. 이렇게 참된 공부를 많이 축적하고 힘쓰기를 전일하게 하되, 여유롭게 하여 촉박하게 하지 않으며 오래도록 간단없이 하여서 힘을 다해 노력해야 할 것이다. 그렇게 되면 잠시 주위를 둘러보는 사이에도 어디든 이 이치의 유행이 아님이 없어서, 산수에서 인지仁智의 동정動靜을 깨닫는 기미나 연비어약에서 볼 수 있는 조화의 묘리가 잠깐 사이에도 끊임없이 드러나서 곧장 조물자와 더불어 노닐게 될 것이다. 이른바 '세심재'나 '탁청헌'이라는 이름도 이에 이르러서야 그 실질을 채울 수 있고, 한가한 틈을 타서 헛되이 즐기는 데로 빠지지 않을 것이다.
>
> 『大山集』 卷44, 「記」, 「聾淵書堂記」

농연서당이 완공된 지 10여 년이 지난 1766년(영조 42)에 대산은 「농연서당기聾淵書堂記」을 지었다. 그는 이 공간에서 명성明誠 공부와 경의敬義를 세우는 것에 전념함으로써 지행知行 공부가 진보하고 존양存養과 성찰省察 공부가 지극할 수 있게 되기를 당부하였다. 최흥원은 이곳을 장수의 공간으로 활용하였을 뿐만

농연서당

아니라, 이곳에서 부인동 향약을 시행하였다. 이후 1925년 7월에 큰 홍수가 나서 건물이 훼손되었고 1930년에 현재의 위치로 옮겨 다시 중건하였다.

현재 농연서당에는 미수眉叟 허목許穆(1595-1682)이 쓴 '계정유서谿亭幽捿', 8대 주손 백헌白軒 최병찬崔秉瓚(1922-1996)이 쓴 '농연서당聾淵書堂' 편액이 걸려 있다. 그리고 대산의 「농연서당기聾淵書堂記」, 최주진의 「농연십경聾淵十景」, 최효술의 「농연구곡聾淵九曲」, 백불암의 한시 등 관련 시문이 게판되어 있다.

최흥원 정려각

5) 최흥원 정려각崔興遠旌閭閣

옻골 마을에 들어서면 사방이 담장으로 싸여 있고 기둥과 천장 등이 전통문양 단청으로 아름답게 채색된 한 칸 규모의 건조물이 시야에 들어온다. 대문채 앞에 있는 문화재 안내판에는 '최흥원 정려각崔興遠旌閭閣'이라는 건물명과 관련 설명이 구체적으로 적혀 있다.

이 건조물은 백불암이 생전에 어머니께 효도를 다하여 정성껏 모신 것에 대해 1789년(정조 13)에 정조 임금이 내린 정려旌閭 현판을 보관하기 위한 공간이다. 정려는 충신, 효자, 열녀 등과 같이 행실이 뛰어난 사람에게 임금이 내려주는 표창이다.

효자정려 편액

후손들은 작은 규모의 건조물을 지어 관련 현판이나 비석을 보관하는데, 일반적으로 문중에서는 이 건조물을 사람들이 많이 출입하는 길목이나 마을 입구에 건립하여 사람들이 보고 귀감으로 삼게 하였다. '최흥원 정려각崔興遠旌閭閣'도 마찬가지이다.

자신의 일상을 기록한 『역중일기曆中日記』에 보면, 백불암의 효행이 얼마나 지극하였는지를 엿볼 수 있다. 정려각의 내부에 게판되어 있는 현판에는 "효자 증통정대부승정원좌승지겸경연참찬관행어모장군세자익위사익찬 최흥원지려孝子贈通政大夫承政院左承旨兼經筵參贊官行禦侮將軍世子翊衛司翊贊崔興遠之閭 상지십삼년上之十三年 월月 일日 명정命旌"이라고 적혀 있다. 정려의 유형, 백불암의 관직, 정려의 임명자와 시기 등이 일목요연하게 적혀 있다. 현재 이 정려각은 대구광역시 문화재자료 제40호로 지정되어 있다.

---

4) 본 자료는 한국국학진흥원에서 수행한 토대연구 사업 불천위 제례의 연구 결과물을 참고하였음을 밝힌다.

제5장

봉사손奉祀孫으로 살아가며

봉사손奉祀孫으로
살아가며

1 종가의 봉사손이 되다

1) 백불암종가 9대 봉사손으로 태어나다

우리나라는 지난 수백 년 동안 종가의 다양한 전통문화원형을 잘 보존하여 후세에 계승해 왔다. 이는 세계 문화인류사에서도 극히 보기 드문 사례이다. 특히 우리는 지난 전통시대에 잦은 외침을 받았고, 종가는 위기 때마다 그 중심에 서서 큰 어려움을 겪어 왔다. 지난 시대에 이런 위기를 극복하고 종가를 잘 보전하기 위해서 종가의 구성원들은 중요한 역할을 하였다. 그 구성원들이 바로 종손, 종부, 그리고 그 아랫대 자제들이다. 그들은 어릴 적부터 특별한 교육을 받지는 않는다. 물론 종가마다 특수성은 있겠지만, 대대로 전승되어 온 독특한 종가문화를 선대로부

백불암종가 9대 종손 최진돈

터 보고 듣고 체득하면서 성장기를 보내는 것이 전부일 것이다. 어쨌든 종손과 종부는 한 문중의 대표代表이며 주인主人이다. 그리고 문중의 봉사奉祀와 접빈接賓을 맡아 책임져야 할 의무가 있으며, 일대다一對多의 역할을 해야 한다.

백불암종가 역시 예외가 아니다. 이 종가는 우리나라에서 그리 흔치 않은 두 분의 불천위를 모시고 있어 봉사奉祀 횟수가 많은 편이며, 대구 인근에 종가가 있어 어느 종가보다 접빈의 기회가 잦다. 그래서 그런지 종가의 종손과 종부는 뵐 때마다 늘 따뜻함이 느껴지고 여유롭다. 종가의 9대 종손은 경북에 소재하는 불천위 종손들의 모임인 영종회의 회장을 맡고 있는 최진돈崔晉惇(1947년생)이다.

그는 백헌白軒 최병찬崔秉瓚(1922-1996)과 어머니 풍산김씨豊山金氏 김윤현金胤鉉(1924-2015)의 사이에 3남 4녀 중 장남으로 태어났다. 그의 아버지 백헌은 어릴 때부터 가학을 전수받아 공부하다가, 다시 밀양密陽 주산정에서 후학을 양성하고 있던 김해허씨 허진사의 문하에서 10년 동안 한학을 수학하였다. 그는 학행이 뛰어났을 뿐만 아니라 글씨에 남다른 재주가 있었다.

어머니 김윤현은 안동 오미동五美洞 유연당悠然堂 김대현金大賢(1553-1602)의 후손으로, 심곡파深谷派 영감댁 둘째 따님이며, 대한민국 임시정부 국무원이었던 김응섭金應燮(1878-1957)의 손녀이다. 어머니 풍산김씨는 반가에서 자라 어릴 때부터 여성이 갖추어야 할 소양과 기본적인 문자를 배웠다. 백불암종가에 종부로 출가하여 안살림을 직접 경영하면서 7남매를 훌륭하게 키웠다. 그는 자식들에게는 자애로운 어머니였으며, 종원들에게는 위엄 있는 종부였다. 어려운 가정 형편에도 불구하고, 봉사奉祀와 접빈接賓을 극진히 하여 종원뿐만 아니라 타 문중에 귀감이 되었다고 한다.

최진돈은 어릴 때부터 아버지의 학문과 어머니의 교양을 몸소 체득하면서 향후 문중의 주손으로서 갖추어야 할 절문節文들을 조금씩 배웠다. 그는 어려서 엄한 아버지 슬하에서 기본적인 한학을 배웠다. 특히 어린 시절 할아버지 금강錦岡 최두영崔斗永(1891-1958)의 가르침이 컸다. 그는 할아버지에 대한 기억을 또렷하게 가지고 있다.

우리 할배는 정말로 주위 사람들에게 존경 받으셨어요. 일제 때 그 많은 재산을 잘 간수하셨지요. 종숙이 상해 임시정부 모금책이었는데, 종손은 못 나서니까 종숙을 통해서 엄청난 재물을 보내셨어요. 거금을 들여 인근 사람들을 엄청 구휼하시고, 배운 한의학 지식으로 사랑방에 약방을 차려 놓고 인근 사람들에게 거의 무료로 시혜를 베푸셨지요. 참말로 대단한 어른입니다.

백불암종가 9대 종손 인터뷰 내용 중

최진돈은 저녁이 되면 으레 할아버지 침소에서 같이 자면서 찾아오는 손님들의 이런저런 얘기를 들었다. 비록 어린 나이였지만, 할아버지로부터 가계의 내력, 영남의 혼맥과 학맥, 종물의 관리 등을 어깨너머로 듣곤 했다. 그는 시대적 조류에 맞게 신학문을 습득하여 대구상고大邱商高를 졸업하고, 객지에서 공직 생활을 하였다. 그리고 아버지가 연로하여 하세하기 몇 년 전에 종가로 들어와 아버지의 병 수발과 종가 수호에 힘썼다. 그에게 봉제사 접빈객에 대한 소신을 들어 봤다.

봉제사 접빈객은 예전 법도 그대로 하면 제일 좋긴 좋은데, 지금은 옛날과 많이 달라져서 안에서도 힘들어요. 예전에는 제사 전부터 거들어 주는 사람이 있어서 괜찮았는데, 요새는 종부가 직접 다 해야 돼요. 그래도 우리 동네는 다행히 종부가 다 준비해 놓으면 와서 잠시 도와주는 아지매들이 많아요. 대부분의 집이 그게 안 되더라고. 그러면 방법을 찾아야 돼요. 나는 지금까지 '친구들이 와서 회식할 때 음식 장만하는 게 뭐가 그렇게 어렵노.' 했는데, 사실은 그게 안 그렇더라고. 그래 이제 내가 종원들한테 결정을 내려 줬어. 내외분 합해서 한 번만 제사 지내라. 그래도 부모는 아니다. 부모는 다 지내라. 내가 그렇게 금년 들어와서 시켜 놨는데, 이제 나부터 시행을 해야 될 거 같애. 그렇게 하면 봉제사에 대한 부담은 좀 덜 거고. 그 외에 상례나 혼례는 완전히 간편한 현대 방식이 됐습니다. 상례도 예전에 우리 어른들은 종손이 염을 다 해 줬어요. 그 전통도 좋다고 봐. 나도 염 좀 해 봤는데, 요새 염할 일이 없으니까 안 하는데, 그게 종원들한테 아주 보기도 좋고.

백불암종가 9대 종손 인터뷰 내용 중

지난 수백 년 동안 지켜 왔던 종가의 전통문화는 지난 농경사회에서 20세기에 산업사회로 사회구조가 급변하면서 많은 변화를 겪을 수밖에 없었다. 왜냐하면 전통문화를 수호하고 후손들에게 물려주기 위해서는 경제적·시간적 문제 및 인력 문제 등의 한계가 발생하기 때문에 그대로 계승한다는 것은 어려울 수밖에 없다. 그나마 다행스럽게도 지난날 전통시대에 불천위 종가에서 거행했던 사례四禮의 예식禮式을 완전히 변경하거나 취소하는 종가는 거의 없다. 백불암종가는 여느 종가와 마찬가지로 지난날 전승되어 오던 제례 의식을 현대사회의 환경에 잘 맞추어 수호하고 있다. 이렇게 할 수 있었던 것은 종손의 의지와 종원들의 지원, 그리고 경제적인 뒷받침이 있었기 때문이다.

백불암종가는 선대로부터 지켜 온 종가의 재산을 종손이 잘 보전하여 현재 종원들 중 65세 이상의 노인들에게 매월 20만 원씩을 지원할 정도로 경제적으로 꽤 여유 있는 편이다. 이는 선조들이 후손들에게 남겨 주신 큰 시혜이며, 후손들이 다음 세대에게 잘 물려줘야 할 중요한 책무이다. 그래서 지금의 종손은 차종손에게 첫째, 봉제사 접빈객을 시대의 조류에 맞게 잘해야 하고 혼인을 잘해야 하며, 둘째, 후손들을 사람다운 사람으로 키워야 하고 종원들과 조화를 이루어 화목하게 지내야 하며, 셋째, 종가를 이어 갈 자손을 지혜롭고 후덕하게 키워야 한다고 당부했다.

봉사손奉祀孫으로
살아가며

2 종가의 종부가 되다

1) 안동 상계의 반가班家에서 자라 백불암종가의 종부가 되다

종가가 집성촌을 형성하여 문중을 잘 수호하기 위해서는 종부의 역할이 매우 중요하다. 종부는 종가의 안살림을 모두 맡아 경영하고 출입하는 손님을 일일이 챙기며 종가의 모든 길흉사에서 상당 부분을 맡아 운영한다. 그래서 큰 종가의 종부는 대부분 종가에서 태어나 반가의 여성으로서 갖추어야 할 규범을 몸소 체득하고, 다른 사람들과 소통할 수 있는 기본적인 문자까지 어릴 때부터 습득한 경우가 많다.

종가의 9대 종부 이동희李東姬는 본관이 진성眞城이며, 1949년

백불암종가 9대 종부 이동희

에 아버지 이국원李國源(1919–1994)과 어머니 야성송씨 송학남宋學男(1919–2003) 사이에 3남 2녀 중 장녀로 태어났다. 그는 현 퇴계종손 이근필李根必과 9촌이며, 국문학자였던 연민淵民 이가원李家源(1917–2000)의 질녀이다. 그의 아버지 이국원은 경북 김천에 있는 김천고

등학교에서 한문 교사로 재직하였다.

이국원은 자신에게는 엄격하였지만, 자식들에게는 늘 자애로운 아버지였다. 그는 장녀를 종가의 종부로 출가시킬 요량으로 늘 큰집이었던 퇴계종가에 가서 여성이 갖추어야 할 기본적인 규범과 문자를 배우도록 권면했다. 그래서 종부는 어릴 때부터 큰집(퇴계종가)에 가서 많은 것을 보고 듣고 자라서 반가의 여성으로서 갖추어야 할 기본적인 자질을 체득할 수 있었다. 종부는 젊은 시절을 다음과 같이 회상하였다.

> 퇴계종가 종손이 중매하셨어요. (혼인은 몇 살에 하셨는지요?) 24살에 했어요. (아버지께서 종가에 시집보내려고 하셨을 때 종부님도 마음이 무거우셨겠네요?) 아니요, 나는 크면서 우리 종갓집 퇴계종택을 봤잖아요. 거기는 삼대가 한집에 살았으니까, 그때는 경과도 좋았어요. 거기 가서 나는 좋은 것만 봤어요. 손님도 많이 치고 하는데, 보면 종부가 너무 좋았어요. 그때는 종가는 다 그런 줄 알았어요. 손님이 오면은 종부가 마루에 서서 "야들아, 이거 해라." 하면 이거 하고, "저거 해라." 하면 저거 하고. 그렇게 힘든 것도 없고 종부가 마루에 다니면서 하는 걸 나는 그걸 봤지. 손님들 밥상 다 나가고 나면 마루에서 "내 밥 가지고 오너라." 하면 밥 차려 오고, "숭늉 갖고 오너라." 하면 숭늉 갖다 대령하고. 일도 안 하고, 지시만 하니까 나는 종부의 좋은 모습만 봤어요. 큰집에 가서 보면은 종부 역할이 진짜 좋더라고. 그래서 '종부가 저래 좋은 거구나.' 했지.
>
> 백불암종가 9대 종부 인터뷰 내용 중

그는 1972년(24세) 5월에 백불암종가로 출가하였다. 친정 부모님의 바람대로 큰 종가의 종부가 되었다. 그는 어릴 때 큰집(퇴계종가)에서 봤던 종부의 모습과 다르게 막상 출가하여 큰 종가 종부가 되고 보니, 어릴 때 자신이 동경했던 종부의 모습과는 달랐다고 한다. 연세 드신 시어른 내외와 어린 시누이와 시동생 등 많은 식구들을 챙겨야 했고, 사랑방에는 늘 많은 손님들이 출입하여 일일이 접대해야 하는 어려운 현실에 직면하게 되었다. 다행스럽게도 시어른 내외는 매우 자상하셨다. 시어머니는 외부 출타가 잦은 시아버지를 대신해서 안살림뿐만 아니라, 전장田莊을 모두 관리해야 했기 때문에 매우 힘들었지만 억척스럽게 일을 하여 종가의 재물을 잘 수호하였다. 종부 역시 백불암종가로 오기 전, 친정에서 경험하지 못했던 육체적인 노동이 꽤 부담스러웠다. 하지만 육체적인 노동보다 더한 어려움이 있었다.

힘든 것은 노동적으로 일을 많이 해야 되니까 어려웠고, 아이들도 많고 식구가 많았으니까 당연히 그걸 내가 해야 되니까 그게 어려웠죠. 또 무조건 참는 것도 있어야 돼요. 내가 많이 참았던 것 같아요. 불만이 있어도 참고 그러려니 했던 거 같아요. 그래서 서로 충돌은 별로 없었어요. 살림은 어른이 하셨으니까, 경제적인 거는 내가 신경을 안 썼으니까 몰랐고. 제일 힘들었던 건 위로 딸 다섯을 낳고, 막내(아들)를 낳았거든요. 종갓집은 대를 이어야 되잖아요. 그게 제일 힘들었던 것 같아요.

백불암종가 9대 종부 인터뷰 내용 중

필자가 백불암종가를 출입한 지 벌써 수년이 되었다. 종가에 들어서면 늘 밝게 손님을 맞는 종손의 편안함은 고택의 부담을 덜 느끼게 한다. 그리고 간혹 안채로 들어가 차를 마실 때면 종부를 뵙게 되는데, 아담한 체구의 종부는 평생 동안 고생한 티가 전혀 나지 않는다. 은은한 미소로 침착하게 손님을 맞는 종부에게는 천생 종부의 기품이 묻어난다. 그는 삶의 무게에서 가장 무겁게 느꼈던 것이 바로 종통을 이을 적자의 생산이었다. 위로 딸 다섯을 낳고 종손의 대를 이을 수 있는 아들을 얻었다. 딸을 낳을 때마다 시어른들의 기대에 부응하지 못했기에 심적으로 많이 힘들었을 것이다.

이제 시대적 흐름에 따라 불천위 종가의 종부 역시 변화에 편승하여 종가를 이끌어 가야 한다. 그러나 세상이 아무리 많이 변하고 편해졌다고 해도 종부의 삶은 힘들 수밖에 없다.

생활하는 거는 다 똑같은데, 그때는 경제적인 게 어려웠으니까, 시어머니께서 복숭아 농사를 지으시고 어른이 밖에 일하시면, 나는 집안일을 다 했지요. 예전보다 시설이 좋아져서 살기가 꽤 편해졌지요. (종부님 세대는 봉제사 접빈객에 좀 더 치중하시는 거지요?) 봉제사는 예전에 더 많이 지냈잖아요. 일 년에 명절 빼고 14번이었는데, 작년부터 7번으로 줄었어요. (제사 준비가 예전과 비교해서 차이가 있으신지요?) 제사 준비하는 거는 예전이나 지금이나 똑같아요. (장 보는 거는 어떻게 하시는지요?) 예전에는 큰제사는 문중에서 제수를 장만했고, 안 그러면 우리 어른이 봐 오셨고, 어른 안 계실 때는 내가 봐 왔고. 예전에는 시어머니하고 제가 제사 준비를 거의 다 했는데, 요새는 점점 동네 할매들이 많이 오셔서 도와주시고 하니까 좀 편해요.

백불암종가 9대 종부 인터뷰 내용 중

백불암종가에도 지난 시절에 경제적으로 어려운 때가 있었다.

노종부가 복숭아밭에서 직접 농사를 지어 가계의 밑천을 삼아야 할 때도 있었다. 이제는 경제적으로 여유가 있고, 지난해부터 제사 횟수도 반으로 줄었지만 봉제사에서 제수를 준비하는 종부의 역할과 몫은 늘 어렵고 부담스럽다. 그나마 동네에 거주하는 집안 일가들의 부조가 육체적으로 많은 도움이 된다고 한다.

근래 경북에 소재한 종가의 종부들은 다양한 동아리 활동을 통하여 종가문화를 일반인들에게 소개하는 사업을 하고 있다. 매우 고무적이라고 생각한다. 백불암 종부 역시 경부회慶婦會, 종가음식보존회 등의 동아리에서 우수한 종가문화를 일반인들에게 소개하고 체험할 수 있는 기회를 제공하는 일에 적극 참여하고 있다.

> 종가음식보존회는 종가음식을 이어 가자는 뜻으로 일 년에 몇 번씩 몇 집이 종가 내림음식을 해 가지고 와요. 가 보면 좋아요. 음식도 새로운 걸 보니까. 나도 다례원에서 다식을 좀 배웠는데, 안동에 가니까 다식을 정말 예쁘게 했더라고요. 떡도 종류별로 해 오고. 근데, 이런 (종가)음식을 자꾸 해야 될 거 같아요. 있는 음식을 좀 더 개발하고 해서 종가음식을 알리면 좋겠어요. 나는 우리보다 차종부들이 좀 알았으면 좋겠어요. 젊은 애들이 더 개발을 해 가지고 외국 사람들도 먹을 수 있게 많이 했으면 좋겠어요.
>
> 백불암종가 9대 종부 인터뷰 내용 중

백불암종가의 종부는 매우 부지런한 편이다. 평생 동안 큰 종가의 안살림을 경영하면서 봉사奉祀와 접빈接賓이 몸에 배어 있다. 근래에는 지난 수십 년 동안 종가에서 체득했던 문화를 일반인들에게 소개하고, 또 새로운 음식문화를 익히는 기회를 갖곤 한다. 그는 종가음식보존회의 회원으로서, 지난 수백 년 동안 이어온 종가의 내림음식을 장만하여 회원들과 공유하기도 한다. 그리고 다례원에서 다식과 떡을 배워 개발하는 취미도 가지게 되었다. 자신이 배운 것을 차종부도 배워서 우리나라 종가음식을 새롭게 개발하여 해외에 소개하는 기회가 있기를 바랐다.

이제 종가의 안채 문화원형들도 몇몇 종가 구성원들의 전유물이나 구시대의 유물로서 전승하는 데만 급급할 것이 아니라, 개방하여 새로운 활용 방안을 모색해야 할 것이다. 닫힌 공간이 아니라 열려 있는 종가의 안채를 만들어야 할 것이다. 종가의 의식주 문화에는 다양한 콘텐츠가 잠재해 있다. 단절이 아니라 계승과 발전을 통해 일반인이 공유하고 계승할 수 있는 계기를 만들어야 한다. 이런 면에서 백불암종가의 종부는 매우 선진적으로 살아가고 있다.

2) 차종부에게서 종가의 미래를 보다

종손 최진돈의 슬하에는 1남 5녀가 있다. 딸 다섯을 낳고 느지막이 아들을 낳았다. 10대 봉사손 최기척崔基拓(1988년생)은 어릴 때부터 조부의 학행을 보며 반듯하게 자랐다. 현재 그는 문헌학을 전공하여 경북대학교에서 박사 과정을 마친 연구자이다. 최기척은 2015년에 엄효원嚴涍瑗(1987년생)과 결혼하여 슬하에 1남을 두었다.

백불암종가 9대, 10대, 11대 종손 및 9대, 10대 종부

차종부는 아직 결혼한 지 얼마 되지 않았고, 지금은 종부가 종가의 안살림을 경영하고 있어 큰 책임감을 느끼지는 않는 듯하다. 하지만 틈틈이 종가로 와서 종부의 안살림을 직접 보며 하나하나 배워 나가고 있다. 현 종부의 풍부한 경륜은 하루아침에 이루어진 것이 아니다. 결혼 후, 차종부는 종부의 일상을 보면서 많은 생각을 하곤 한다.

저는 정말 어머님이 존경스러워요. 다 품으시고 포용력이 넓으시죠. 종부라는 자리에 괜히 있는 게 아니구나 그런 생각이 들어요. 그리고 끊임없이 뭔가를 하세요. 제가 저 연세가 되었다면 이제 지쳐서 아무것도 하고 싶지 않을 것 같은데, 어머님은 다도도 하시고, 천연염색도 하시고, 화단도 가꾸시고, 서예도 하시고, 진짜 끊임없이 이렇게 배우시고 도전하시는 모습이 너무 멋있고, 배울 점이 있다고 생각해요. 그리고 제가 하는 일에 대해서도 관심 가지고 물어봐 주시고, 그런 점이 저희 사이를 돈독하게 만들고, 고부 갈등 이런 걸 모르겠어요. 참, 시부모님이 너무 좋고, 그래서 다른 외부 사람들은 "그런 곳에 어떻게 시집을 갔어요?" 그러는데 저는 되게 시집 잘 온 거 같아요.

백불암종가 10대 종부 인터뷰 내용 중

차종부의 현실세계에 대한 인식과 정서가 참 아름답다는 생각이 든다. 오늘날 우리 사회의 일반적인 고부姑婦 관계에서 쉽게 느낄 수 없는 아름다운 모습이다. 차종부는 종부에 대한 존경심과 늘 쉬지 않고 현실에 적극적인 종부의 생활관을 훌륭한 배움의 대상으로 삼고 있다. 고부간의 두터운 신뢰도 아름답다. 이런 화목은 양자의 노력이 있지 않으면 어려운 일이다. 고부간의 갈등이 만연한 현실에서 서로 이해하며 포용하고 베푸는 노력이 큰 밑거름이 되었을 것이다. 차종부는 자신이 짊어져야 할 미래에 대한 설계 역시 야무지게 하고 있다.

여기 시집와서 기왕 하는 거 잘하고 싶어서 책도 읽어 보고 공부도 해 보고 나름 이렇게 해 보니까, 선조들이 너무 대단하신 분들인 거예요. 그래서 제사나 이런 거를 1년에 한 번씩 그분들 기리기 위해서 할 필요가 있다는 생각이 드는 거예요. 기꺼이 그 정도는 이렇게 대단하신 분들인데 내가 할 수 있는 게 아닌가 하는 생각이 들었고, 그래서 제사음식이라든지 내림음식이라든지 그런 거를 배우고, 그리고 이때까지 400년 정도 쌓여 왔던 거를 데이터베이스 해 놓은 게 잘 없어서, 제가 할 일은 그런 기록이라든지 그런 부분이 아닐까 하는 생각이 들어요.

백불암종가 10대 종부 인터뷰 내용 중

차종부는 결혼 초기에 종가에 대한 기본적인 정보를 이해하지 못해 다양한 전문 서적을 통해 선대의 학행을 학습하였고, 이제 선조들의 훌륭한 점을 파악하고 종가의 문화를 이해함으로써 왜 제사를 지내야 하는지를 알게 되었다. 지금까지 약 400년 동안 그냥 전승되어 온 제사음식, 내림음식이 아니라, 모든 정보를 한데 모아 기록으로 남기기 위한 데이터베이스를 구축하고자 한다. 정보화 시대에 맞게 그런 사고를 하는 것이 참 대견스럽다는 생각이 든다. 박제화剝製化된 종가문화가 아니라, 이런 문화를 체계화하여 모든 사람이 공유하고 후손들에게 잘 전승될 수 있게 하는 데 꼭 필요한 작업이다.

차종부의 선진적인 사고방식은 다른 일면에서도 느껴진다. 한번은 모 대학 학생들과 협업하여 내림음식 소개 팸플릿 작업을 한 적이 있었다. 집안 여성 어르신들이 "젊은이들이 누가 이런 거 먹냐?"라고 핀잔을 줬지만, 서울에 있는 플리마켓에서 과감하게 판매를 시도하여 20대부터 40대 참관인들이 줄을 서서 그 음식을 먹을 정도로 호평을 받았다고 한다. 그는 내년에도 새로운 도전을 당차게 기획하고 있다.

저희가 내년에 카페를 운영할 건데, 카페와 한옥 스테이도 하고 체험도 할 거고, 한옥 스테이를 한다면 조식은 어떤 것을 낼 것인가, 스토리를 담아서 우리가 조식을 준비해 보자 해서 제가 내림음식을 좀 재해석해서 '효자상'이라고 이름을 붙여서 한번 만들어 봤어요. 그거를 이제 소비자의 반응을 보기 위해서 문체부에서 지원을 해 줘서 마로니에 공원에서 한 번씩 크게 열리는 '마르쉐'라는 장에 가서 판매를 해 봤어요. 집장이랑 밥식해랑 북어보푸라기랑 이렇게 하고, 그다음에 연근죽은 저희가 개발을 했어요. 이 내림음식이랑 가장 잘 어울리면서 지역을 담은 음식이 뭐가 있을까 셰프님이랑 의논하다가 연근죽을 개발하게 되었고, 그렇게 한 세트로 해서 판매했어요. 그리고 점주랑 점주를 이용한 점주짜이로 두 가지로 해서 점주는 시원한 거, 점주짜이는 따뜻한 걸로 해서 판매를 했었어요. 그래서 내림음식에 관한 내용이 책자에 소개되면 좋지 않을까 싶어요.

백불암종가 10대 종부 인터뷰 내용 중

그는 차세대 종부답게 선진적으로, 사람들이 찾아오는 종가를 만들려고 한다. 우선 옻골 마을에 한옥 스테이를 계획하고 있다. 한옥에 그냥 하루 머물고 가는 정도의 한옥 스테이를 기획하는 것은 아닌 듯하다. 한옥 스테이를 체험하러 온 손님들을 위해 별도로 카페도 운영하고, 아침식사는 백불암종가의 모토를 살려 내림음식을 중심으로 메뉴를 구성하고 있다. 그리고 그 음식을 '효자상'이라고 이름 지었다. 종가의 특성상 그 구성원으로서 쉽게 실행하기 어려운 일이다. 그는 이를 구체적으로 실행하기에 앞서 우선 문화체육관광부의 지원을 받아 마로니에 공원에서 열리는 '마르쉐' 장터에서 집장, 밥식해, 북어보푸라기, 연근죽, 점주, 점주짜이 등의 내림음식을 소개하고 시식하는 기회도 가졌다.

차종부의 진취적인 의식은 '훌륭한 종가문화를 단힘에서 열림의 문화로, 소수에서 다수의 향유享有'로 변화시킬 수 있는 선진적 사고이며, 우수한 한류문화의 세계화에도 큰 몫을 할 것이다.

참고문헌

『대암선생문집』

『백불암선생문집』

『지헌선생문집』

정진영, 「조선후기 향약의 일고찰: 부인동 동약을 중심으로」, 『민족문화논총』 2·3합집, 영남대학교 민족문화연구소, 1982.

최언돈, 「百弗庵 崔興遠의 성리사상 연구를 위한 예비적 고찰」, 『퇴계학논집』 3, 영남퇴계학회, 2007.

최언돈·최기창·최용원, 『옻골의 인물과 유적』, 백불암연구소, 2016.

최언돈·최기척, 『옻골의 행장과 비문』, 백불암연구소, 2017.

지은이

오용원 吳龍源

경북 고령에서 태어났다. 동국대학교 인문대학 한문과를 졸업하고, 대학원 국어국문학과에서 한국한문학을 전공하여 문학박사학위를 취득했다.
한국국학진흥원에서 기획조정실장을 지냈고, 현재 연구정책 업무를 맡고 있다. 학문적 관심분야는 일기류 자료, 전통시대 문화원형 등이다. 최근 저서로는『누정의 문학적 해석과 공간미학』이 있다.

경북의 종가문화 64

실사구시를
실천하다,

대구 백불암 최흥원 종가

찍은 날 2021년 3월 29일
펴낸 날 2021년 4월 2일
기획 경상북도·경북대학교 영남문화연구원
지은이 오용원
펴낸이 홍원화
펴낸 곳 경북대학교출판부
출판등록 1973년 10월 10일 ㉑97호
주소 대구광역시 북구 대학로 80
전화 053-950-3830
팩스 053-953-4692
이메일 press@knu.ac.kr
홈페이지 http://knupress.com

ISBN 978-89-7180-561-9 94900
978-89-7180-558-9 (세트)

정가는 뒤표지에 있습니다. 파본은 바꾸어 드립니다.